AF390122

Analiza SWOT TOWS

Wybór strategii

Monika Koziar

Warszawa 2024

Copyright © by NTN Publisher

Warszawa 2024

Wszelkie prawa zastrzeżone. Kopiowanie, przedrukowywanie, jak też rozpowszechnianie całości lub fragmentów niniejszej pracy bez zgody wydawcy zabronione.

Książka ta jest dziełem twórcy i wydawcy. Prosimy, abyś przestrzegał praw, jakie im przysługują. Jej zawartość możesz udostępnić nieodpłatnie osobom bliskim, ale nie publikuj jej w internecie. Jeśli cytujesz jej fragmenty, nie zmieniaj ich treści i koniecznie zaznacz, czyje to dzieło, a kopiując jej część, rób to jedynie na użytek osobisty. Szanujmy cudzą własność i prawo.

Wydanie pierwsze

NTN Publisher, Warszawa 2024

02-591 Warszawa

ul. Stefana Batorego 18/108

SPIS TREŚCI

Słowo wstępu

W życiu każdego człowieka i każdej organizacji przychodzi taki moment, w którym trzeba zadać pytanie: co dalej? Być może czujesz niepewność, czy działania, które podejmujesz, prowadzą do celu, który okaże się dla ciebie korzystny. Może być też tak, że stoisz na rozdrożu, pomimo wielu osiągnięć, wciąż nie jesteś w pełni usatysfakcjonowany. Nie masz pomysłu na własną przyszłość, wykonujesz pewne działania, jednak bez spektakularnych sukcesów. Nawet wtedy, kiedy wszystko idzie w dobrym kierunku, wzrost może być ledwo zauważalny i w zasadzie nie wiadomo, dlaczego tak się dzieje. Niepewność dotyczy też osób znajdujących się na początku swojej drogi: zawodowej, biznesowej lub naukowej. Chcą one wiedzieć, jak postępować, aby osiągnąć zakładane cele i uzyskać pożądany rezultat. We wszystkich tych przypadkach pomoże ci analiza strategiczna SWOT. Nauczysz się teraz, jak ją napisać.

Książka, którą czytasz, ma za zadanie ułatwić ci przeprowadzenie analizy mocnych i słabych stron podmiotu, którego ona dotyczy. Poznasz szanse i zagrożenia obecne w jego otoczeniu. Tym podmiotem może być pojedynczy człowiek, cała organizacja lub jej określony dział, a nawet konkretny produkt lub usługa. Analiza SWOT dotyczy podmiotów o celach komercyjnych i niekomercyjnych. Jej możliwych zastosowań jest bardzo wiele, a jedyne ograniczenie stanowi wyobraźnia autora. Najczęściej analiza SWOT jest wykorzystywana do badania firm. To jednak się zmienia. Korzystają z niej samorządy, startupy, partie polityczne, organizacje pozarządowe itp. Bywa wykonywana przez studentów, którzy definiują w ten sposób własne plany. Osoby bezrobotne mogą zastanowić się dzięki niej, czym w życiu chcą się zajmować i do czego mają predyspozycje. Osoby pracujące, jaką ścieżkę rozwoju przyjąć.

Właściwie wykonana analiza SWOT wskaże, co trzeba zrobić i w oparciu o jakie zasoby, aby osiągnąć zakładane rezultaty. Często przeprowadza się ją w wersji skróconej, sprowadza do postaci prostej tabeli składającej się z czterech pól, z których niewiele wynika. Tymczasem jest to narzędzie oferujące znacznie szersze możliwości. Na jej podstawie można wyznaczyć nie tylko obecną pozycję strategiczną osoby, organizacji, czy też danego projektu, ale też wskazać najbardziej korzystne kierunki rozwoju. Następnie wystarczy przeanalizować, która opcja będzie najbardziej pożądaną z punktu widzenia własnych planów i pragnień, a następnie zacząć wcielać ją w życie.

Autorka, przez lata współpracy z Akademickimi Inkubatorami Przedsiębiorczości SGH, przeprowadziła wiele rozmów z ludźmi szukającymi swojej drogi. Najczęściej nie wiedzieli oni, od czego zacząć. Najlepsza odpowiedź jest najprostsza, ponieważ należy zacząć od siebie. W niniejszym opracowaniu skoncentrowano się na jak najbardziej praktycznym podejściu do przygotowania analizy SWOT. Na rynku istnieje już kilka opracowań dotyczących tej metody, tutaj jednak, w prosty i przystępny sposób, wyjaśniono na przykładach, jak ją przygotować krok po kroku. Wszystko to zostało uzupełnione o wzór analizy.

ROZDZIAŁ 1

WYBRANE METODY ANALIZY STRATEGICZNEJ

Sekret wychodzenia do przodu tkwi w tym, aby zacząć
Mark Twain

Istnieje wiele metod analizy strategicznej, które powstały w różnym czasie. Można mówić o pewnej ewolucji, związanej z zachodzącymi zjawiskami społeczno-gospodarczymi. Najczęściej kadra kierownicza firmy interesuje się metodami analizy strategicznej dopiero wtedy, kiedy przedsiębiorstwo przechodzi kryzys, znajduje się pod wpływem kaprysów otoczenia lub po prostu zmienił się zarząd i chce on sprawdzić, jaki jest potencjał firmy oraz określić dla niej na nowo strategię. Należy pamiętać, że metody analizy strategicznej nie wychodzą z użycia wraz z upływem czasu i rozwojem innych metod. Po prostu zbiór się powiększa, w efekcie czego współcześnie są stosowane różne podejścia i techniki. W rozdziale dokonano krótkiego przeglądu wybranych metod analizy strategicznej. Jeśli nie interesuje cię teoria, przejdź od razu do kolejnego rozdziału.

1.1. Analiza makrootoczenia PEST

Przedsiębiorstwa, które pragną odnieść sukces na rynku, powinny zająć się monitorowaniem sześciu głównych czynników obecnych w ich otoczeniu. Mowa jest tutaj o czynnikach: demograficznych, gospodarczych, społeczno-kulturowych, naturalnych, technologicznych, a także polityczno-prawnych[1]. Co prawda sytuacja firmy zależy od sposobu zarządzania nią, ale nawet w przypadku wystąpienia ewentualnego chaosu wewnętrznego, nie będzie miał on większego znaczenia, o ile firma jest dobrze dopasowana do swojego otoczenia[2]. Do jego analizy proponuje się w literaturze przedmiotu użycie metody PEST. Jej autorem jest harwardzki uczony Francis Aguilar. Analiza PEST powstała w 1967 r. i stanowi akronim czterech słów, odnoszących się do otoczenia: polityczno-prawnego (*political*), ekonomicznego (*economic*), społeczno-kulturowego (*social/socio-cultural*), a także technologicznego (*technological*)[3].

Przeprowadzenie takiej analizy pomaga w podejmowaniu decyzji na szczeblu strategicznym (np. wejście firmy na nowy rynek), tworzeniu planów długookresowych, czy też opracowaniu powszechnie stosowanej analizy SWOT poprzez wskazanie szans i zagrożeń płynących z makroekonomicznych czynników[4]. Analiza PEST polega na zidentyfikowaniu głównych czynników otoczenia, które mają lub będą miały wpływ na firmę w przyszłości. Można ją uzupełnić o analizę scenariuszową, zawierającą cztery scenariusze: optymistyczny, pesymistyczny,

---

[1] P. Kotler, K.L. Keller, *Marketing*, Dom Wydawniczy REBIS, Poznań 2016, s. 81.
[2] K. Obłój, *Strategia sukcesu firmy*, Polskie Wydawnictwo Ekonomiczne, Warszawa 2000, s. 84.
[3] G. Gierszewska, M. Romanowska, *Analiza strategiczna przedsiębiorstwa*, Polskie Wydawnictwo Ekonomiczne, Warszawa 2017, s. 26.
[4] E. Kulińska, D. Masłowski, M. Dendera-Gruszka, *Analiza PEST/PESTEL jako narzędzie wspomagające rozwój miast. Studium przypadku na podstawie miasta Opola*, „Studia i Materiały. Miscellanea Oeconomicae" 2017 nr 4, s. 156.

najbardziej prawdopodobny i najmniej prawdopodobny. Jest to wartościowy sposób przewidywania przyszłości przedsiębiorstwa na podstawie obecnych danych.

1.2. Metoda pięciu sił Portera

W metodzie określanej jako pięć sił Portera bada się pięć czynników, które kształtują atrakcyjność sektora dla bieżących i przyszłych inwestorów. Są to: groźba wejścia na rynek, siła przetargowa dostawców, groźba pojawiania się substytutów, konkurencja w sektorze, siła przetargowa nabywców. Atrakcyjność sektora zmniejsza się wraz ze zwiększeniem presji ze strony dostawców i nabywców, większymi możliwościami wejścia na rynek nowych producentów lub substytutów, zaostrzeniem rywalizacji pomiędzy producentami wewnątrz sektora. Każda z pięciu sił reprezentuje wzajemne stosunki pomiędzy menedżerami danej organizacji, a ludźmi działającymi w innych organizacjach. Rozpatrywane łącznie, wyznaczają strukturę sektora. Zasadniczy przekaz, płynący z tej teorii, sprowadza się do stwierdzenia, że sektory, w których siły te są duże, nie są na tyle atrakcyjne, aby w nich działać, ponieważ konkurencja jest na tyle ostra, że uniemożliwi osiągnięcie oczekiwanych zysków. Odwrotna sytuacja ma miejsce wtedy, kiedy siły są słabe. Sektor jest wtedy postrzegany jako atrakcyjny, gdyż zapewnia odpowiednią rentowność[5].

W celu oceny atrakcyjności sektora należy opisać kształtowanie się każdej z sił konkurencji oraz określić, jakie są szanse i zagrożenia dla uczestników sektora powiązane z nimi. Posługując się metodą Portera, trzeba przejść przez pewne etapy. **Pierwszy etap** polega na określeniu parametrów sektora: jego

___
[5] G. Gierszewska, M. Romanowska, *Analiza...*, dz. cyt., s. 80.

rozmiarów i rentowności. Sektor jest tym bardziej atrakcyjny, im większe są jego przychody i im wyższa rentowność. **Drugi etap** to określenie fazy życia badanego sektora: narodziny, rozwój, dojrzałość lub starzenie się. Precyzyjne określenie fazy życia sektora pozwala prawidłowo prognozować przyszły popyt. **Trzeci etap** polega na określeniu struktury i charakteru konkurencji. W praktyce polega to na zrobieniu listy firm, które sprzedają ten sam rodzaj towarów lub usług na tym samym terenie. **Etap czwarty** to oszacowanie groźby pojawienia się nowych konkurentów. Groźba ta jest wysoka, jeśli sektor jest atrakcyjny ekonomicznie, a więc jest: duży, rozwojowy, rentowny, a równocześnie bariery wejścia do sektora nie są zbyt wysokie. **Piąty etap** wiąże się ze wskazaniem obecnych i przyszłych substytutów. Substytuty to produkty i usługi, które pochodzą z innego sektora, a mogą zastąpić wyroby analizowanego sektora. **Szósty etap** polega na wskazaniu siły oddziaływania dostawców i nabywców. Atrakcyjność sektora jest duża, kiedy może on dyktować warunki zarówno swoim dostawcom, jak i nabywcom. Prawidłowo wykonana analiza atrakcyjności sektora metodą pięciu sił Portera daje jego pełny obraz. Pozwala określić, jakie szanse i zagrożenia stwarza działanie w określonym sektorze oraz sformułować prognozy zmian w sektorze. Nie daje jednak podstawy do porównania atrakcyjności różnych sektorów ze względu na swój jakościowy charakter[6].

Przeprowadzenie analizy metodą pięciu sił Portera wymaga posiadania informacji o konkurentach, odbiorcach i nabywcach. Zakres potrzebnych informacji jest z reguły dużo szerszy niż te, którymi dysponuje przedsiębiorstwo. Szczególnie trudne jest zdobywanie informacji o konkurentach. Pomocne

---

[6] M. Romanowska, *Planowanie strategiczne w przedsiębiorstwie*, Polskie Wydawnictwo Ekonomiczne, Warszawa 2017, s. 42-48.

mogą być tutaj raporty na temat branży, artykuły w prasie fachowej, badanie opinii konsumentów, sprawozdania analityków giełdowych, bankowych czy resortowych. W szczególnych przypadkach występuje potrzeba skorzystania z pomocy zewnętrznych ekspertów lub doradztwa firm konsultingowych[7].

1.3. MAPA GRUP STRATEGICZNYCH

Mapa grup strategicznych to narzędzie analizy konkurencji wewnątrz sektora. Punktem wyjścia jest procedura wyodrębnienia w sektorze takich podzbiorów przedsiębiorstw, które charakteryzują się stosowaniem podobnej strategii. Te podzbiory to właśnie grupy strategiczne. Podobieństwo firm określa się przez tzw. wymiary strategiczne. Porter zalicza do wymiarów strategicznych m.in. specjalizację, markę, rodzaj kanałów dystrybucji, jakość wyrobu, integrację pionową, koszty, politykę cenową. Główną cechą tej analizy jest badanie relacji konkurencyjnych wewnątrz tych grup i między grupami[8].

Kreśląc mapę grup strategicznych, należy przestrzegać kilku zasad. Pierwsza z nich to taka, że wymiary strategii wybrane do przygotowania mapy grup strategicznych powinny być ważne dla sektora (tzw. kluczowe czynniki sukcesu) i nie powinny one być ze sobą ściśle skorelowane. Nie pokazują wtedy prawdziwego zróżnicowania strategii. Należy wybrać pary wymiarów strategii, silne różnicujące zachowania przedsiębiorstw w sektorze. Kryteria powinny być mierzalne, a przynajmniej

---

[7] S. Jurek-Stępień, J. Wysocki, *Wykorzystanie metody pięciu sił konkurencyjnych M.E. Portera do analizy sektora na przykładzie przemysłu odzieżowego* [w:] S. Jurek-Stępień (red.), *Strategie rozwoju przedsiębiorstwa: metody analizy, przykłady*, Szkoła Główna Handlowa w Warszawie – Oficyna Wydawnicza, Warszawa 2007, s. 110.
[8] A. Stabryła, *Zarządzanie strategiczne w teorii i praktyce firmy*, Wydawnictwo Naukowe PWN, Kraków 2000, s. 158.

możliwe do oszacowania. Należy budować kilka map grup strategicznych dla każdego sektora. Fakt występowania na kilku mapach dwóch firm obok siebie upewni nas, że należą one do jednej grupy strategicznej. Właściwa interpretacja map grup strategicznych pozwala na określenie pozycji konkurencyjnej każdego z uczestników sektora oraz na ocenę siły i charakteru konkurencji w sektorze[9].

1.4. Kluczowe czynniki sukcesu

Kluczowe czynniki sukcesu to zestawienie najważniejszych cech organizacji, które decydują o jej przewadze konkurencyjnej i możliwościach rozwoju. Zazwyczaj są definiowane jako zadania, które trzeba wykonać, jeśli firma ma odnieść sukces. Kluczowymi czynnikami sukcesu są te działania, cechy, kompetencje i umiejętności, które są postrzegane jako niezbędne warunki wstępne dla sukcesu organizacji w swojej branży w danym momencie. Odpowiednie wdrożenie gwarantuje rozwój firmy, jednak ich niewłaściwa identyfikacja i implementacja w procesie zarządzania strategicznego może prowadzić nawet do upadku przedsiębiorstwa[10].

Metoda ta opiera się na zasadzie według której 20% zdarzeń decyduje o 80% efektów. Wystarczy zatem wyselekcjonować 20% czynników o charakterze strategicznym, zbadać, w jakim stopniu są one rozwinięte w przedsiębiorstwie oraz na tej podstawie ocenić jego mocne i słabe strony. W metodzie tej nie ma uniwersalnej listy czynników sukcesu, trzeba ją dopiero skonstruować i dopiero na jej podstawie dokonać oceny przedsiębiorstwa. Określenie listy kluczowych czynników sukcesu dla

---

[9] M. Romanowska, *Planowanie...*, dz. cyt., s. 45-46.
[10] P. Waśniewski, *Kluczowe czynniki sukcesu jako podstawa pomiaru dokonań*, „Finanse, Rynki Finansowe, Ubezpieczenia" 2016 nr 2, s. 168.

danego sektora jest jednym z najważniejszych i najtrudniejszych zadań analizy strategicznej[11]. Nie jest to łatwe. Lista kluczowych czynników sukcesu jest inna w każdym sektorze. Ponadto różni się nawet dla tego samego sektora w zależności od regionu geograficznego czy segmentu klientów. Zmienia się także wraz ze zmianą uwarunkowań makrootoczenia[12].

1.5. Analiza łańcucha wartości

Analiza łańcucha wartości to jedna z metod analizy potencjału strategicznego przedsiębiorstwa, szukająca źródeł sukcesu firmy w niej samej. Łańcuch wartości przedstawia cały cykl produkcyjny od surowców aż po finalnego nabywcę produktu lub usługi. Dzięki temu wyodrębnia się poszczególne sektory, przez które przechodzi produkt.

Metoda ta nawiązuje do koncepcji ścieżki ekonomicznej, która każe odszukać badaną firmę w procesie wytwarzania pomiędzy producentami surowców i materiałów a użytkownikami produktu. Każde przedsiębiorstwo tego samego sektora ma nieco inny łańcuch wartości. Może on być prosty lub rozbudowany. Prawidłowe posługiwanie się łańcuchem wymaga najpierw odtworzenia ścieżki ekonomicznej danego przemysłu, potem opracowania typowego łańcucha wartości dla danego sektora, a dopiero później przedstawienia łańcucha wartości badanego przedsiębiorstwa. Pozwala to ocenić zakres integracji pionowej przedsiębiorstwa i porównać długość łańcucha z łańcuchami innych przedsiębiorstw. Przedstawienie firmy jako łańcucha wartości umożliwia szukanie źródeł sukcesów i porażek

---

[11] M. Romanowska, *Planowanie...*, dz. cyt., s. 51.
[12] P. Gołębiowski, M. Wojnarowska, T. Jędrzejczyk, *Identyfikacja kluczowych czynników sukcesu w podmiotach leczniczych na przykładzie świadczeń okulistycznych*, „Zeszyty Naukowe Politechniki Śląskiej. Organizacja i Zarządzanie" 2017 z. 114, s. 116.

w jakości poszczególnych funkcji i ich koordynacji. W sprawnym przedsiębiorstwie suma wartości generowanych przez poszczególne ogniwa łańcucha przewyższa koszty. Niewłaściwie funkcjonujące ogniwa są słabymi stronami, a dobrze funkcjonujące stanowią mocne strony przedsiębiorstwa. Metoda oceny potencjału strategicznego za pomocą łańcucha wartości jest trudna, niełatwo ją wyrazić wymiernymi wskaźnikami[13].

1.6. MACIERZ BCG

Najbardziej rozpowszechnioną i użyteczną metodą analizy portfelowej jest macierz BCG, znana także jako Macierz Bostońska. Metoda ta pozwala ocenić możliwości rozwojowe firmy oraz określić jej pozycję strategiczną. Dzięki jej zastosowaniu możliwe jest ustalenie, które produkty i usługi powinny zostać wycofane z asortymentu, a które z nich generują szanse na osiąganie większego zysku w przyszłości, co oznacza, że powinny zostać wzmocnione i zachowane. Wiadomo jest, z których sektorów rynku lepiej zrezygnować, a na których bronić swojej pozycji albo też agresywnie ją wzmacniać. Wykonana graficznie prezentacja matrycy BCG przyjmuje formę czterech charakterystycznych pól ujętych w dwuwymiarowej przestrzeni. Składają się na nie następujące obszary: dojne krowy, gwiazdy, dylematy i znaki zapytania. Dojne krowy to obszar dla produktów wysoko dochodowych. Generują one znaczne dodatnie przepływy finansowe, a nie wymagają znacznych nakładów. Produkty te mają ugruntowaną pozycję na rynku i istotny w nim udział. Występują na rynkach dojrzałych z umiarkowanym wzrostem lub jego brakiem. Gwiazdy to produkty rokujące, żeby stać się w przyszłości dojnymi krowami. Posiadają znaczny

---

[13] M. Romanowska, *Planowanie...*, dz. cyt., s. 54-56.

udział w rynku, cechujący się dynamicznym wzrostem. Wymagają jednak dalszych inwestycji w celu utrzymania dobrej pozycji na rynku. Dylematy i znaki zapytania to produkty lub rodzaje działalności, które nie posiadają wystarczającego udziału w rosnącym rynku. Nie staną się gwiazdami. Kule u nogi lub psy to produkty o nieznacznym udziale w rynku i słabej dynamice wzrostu. Produkty te mają niewielkie szanse na skuteczne wybicie się. W celu utrzymania psów na rynku, konieczne jest angażowanie zasobów[14].

1.7. ANALIZA SWOT I SWOT TOWS

Analiza SWOT należy do najczęściej stosowanych metod analizy strategicznej. Znajduje zastosowanie w różnych organizacjach. Posiada uniwersalne zastosowanie, gdyż służy jednocześnie do: analizy makrootoczenia, analizy otoczenia konkurencyjnego i do oceny potencjału strategicznego przedsiębiorstwa. Jest to metoda zintegrowana, która łączy badanie otoczenia organizacji z jej wnętrzem. Za pomocą metody SWOT poszukuje się takich sposobów wykorzystania silnych (mocnych) stron firmy, żeby wykorzystać szanse, pojawiające się w otoczeniu, przy jednoczesnym eliminowaniu słabych stron i unikaniu zagrożeń. SWOT to akronim czterech słów:

- S – *Strengths* (mocne strony);
- W – *Weaknesses* (słabe strony);
- O – *Opportunities* (szanse w otoczeniu);
- T – *Threats* (zagrożenia w otoczeniu).

---

[14] M. Nowicki, *Macierz BCG* [w:] K. Szymańska (red.), *Kompendium metod i technik zarządzania. Technika i ćwiczenia*, Oficyna Wolters Kluwer, Warszawa 2015, s. 148, 150-153.

Podejście to powstało w latach 50-tych XX w. na bazie koncepcji analizy pola sił opracowanej przez K. Lewina. Koncepcja ta była jednak zbyt złożona i skomplikowana, aby znaleźć szerokie zastosowanie. Dlatego też zaczęły powstawać prostsze metody, do których zaliczana jest m.in. metoda SWOT. W analizie tej nie ma konieczności wyodrębnienia wszystkich czynników, lecz można poprzestać na wskazaniu tylko tych, które mogą mieć decydujący wpływ na przyszłość firmy[15]. Mocne strony są wszystkim, co firma posiada i robi, a co jest w stanie zapewnić jej sukces. Słabymi stronami określa się braki, coś czego firma nie robi i nie posiada, coś co stoi na drodze do jej sukcesu. Szanse to sprzyjające okoliczności, które można wykorzystać do osiągnięcia dobrych rezultatów z działalności. Zagrożenia natomiast to takie zmiany otoczenia, które mogą negatywnie wpłynąć na firmę[16].

SWOT jest jedną z podstawowych metod zarządzania strategicznego. Dotyczy jego dwóch głównych etapów, a więc etapu analizy strategicznej i formułowania strategii. Strategia przyjęta na bazie metody SWOT zostaje określona poprzez dopasowanie mocnych i słabych stron przedsiębiorstwa z występującymi w otoczeniu szansami i zagrożeniami. Najważniejsze znaczenie dla powodzenia przeprowadzonej analizy ma poprawne określenie silnych i słabych stron firmy, a także występujących szans i zagrożeń wraz z prognozami. Identyfikacja mocnych i słabych stron firmy jest przeprowadzana w odniesieniu do wzorca idealnego przedsiębiorstwa lub do wzorcowego konkurenta. Można porównać się do najgroźniejszego konkurenta lub grupy konkurentów. Niekoniecznie firma, do której się

---

[15] G. Gierszewska, M. Romanowska, *Analiza...*, dz. cyt., s. 189-191.
[16] N. Lake, *Planowanie strategiczne w firmie*, Wydawnictwo Helion, Gliwice 2005, s. 97-98.

porównujesz, musi być z tej samej branży. Dopuszczalna jest sytuacja, kiedy znajdziesz lidera poza swoim sektorem, którego rozwiązania chcesz zaadoptować do własnej działalności. Badanie mocnych i słabych stron wykonuje się w odniesieniu do wszystkich obszarów działania firmy albo ograniczając się do wybranych sfer (np. marketingu, finansów). Decydujący jest tutaj cel diagnozy. Po wybraniu silnych i słabych stron należy je skonfrontować z otoczeniem. Właśnie dlatego podejście to jest określane jako od „wewnątrz do zewnątrz".

Na gruncie polskim analiza SWOT została spopularyzowana w wyniku akcji prywatyzacji przedsiębiorstw oraz dzięki staraniom o kredyt bankowy. Jednym z wymogów w obu przypadkach było przedstawienie analizy mocnych i słabych stron firmy w przekroju wystandaryzowanych obszarów, takich jak: wyroby i usługi, rynki zbytu, środki trwałe, pracownicy, kadra, finansowanie działalności. Szanse i zagrożenia obecne w otoczeniu przedsiębiorstwa prezentuje się w kontekście postępu technologicznego, polityki gospodarczej, zmian politycznych, społecznych, prawnych oraz kulturowych. Analizę z powodzeniem stosuje się do bieżącej oceny kondycji przedsiębiorstw[17].

Wiele osób przygotowując analizę SWOT zapomina, że nie ogranicza się ona jedynie do analizy strategicznej i rozpoznania pozycji strategicznej organizacji, lecz również pozwala sformułować strategię lub zaproponować zmiany w już realizowanej strategii rozwoju. Jednak wybór strategii nie powinien opierać się jedynie na wynikach analizy SWOT. Należy wziąć pod uwagę także misję i cele firmy. Proces wyznaczania strategii nie jest szczególnie skomplikowany, chociaż można spotkać się z modyfikacjami, np. analiza SWOT TOWS.

---

[17] S. Szmitka, *Analiza SWOT jako narzędzie oceny innowacyjności przedsięwzięcia biznesowego*, „Warmińsko-Mazurski Kwartalnik Naukowy. Nauki Społeczne" 2015 nr 4, s. 80-81.

Analiza SWOT ma szerokie zastosowanie i zależy od naszych potrzeb i pomysłowości. Jest ona częścią każdego biznesplanu, ale z powodzeniem można ją zastosować także dla partii politycznej. Występują analizy SWOT pisane na potrzeby samorządu lokalnego i wielkich korporacji. Można ją również napisać dla konkretnej osoby, np. poleca się zrobienie analizy SWOT osobom, które szukają swojej ścieżki kariery. W szczególności metoda ta jest stosowana do diagnozy ogólnej sytuacji przedsiębiorstwa. Powinna być sporządzana przy ścisłej współpracy kierownictwa firmy, ponieważ to kadra kierownicza najlepiej zna sytuację firmy. Można także skorzystać z pomocy ekspertów i doradców. Ich udział pozwoli szerzej spojrzeć na problem.

Oprócz niewątpliwych zalet analizy SWOT (m.in. prostota, kompleksowość, możliwość dokonania oceny), wskazuje się również jej wady. Jedną z często wskazywanych wad jest subiektywność osób, które wykonują analizę, jak też podejmowanie decyzji zadowalających większość lub uśrednianie. Nie znaczy to jednak, żeby z niej rezygnować, a jedynie zdawać sobie z tego sprawę, dokonując interpretacji wyników. Warto korzystać z analizy SWOT, ponieważ wiedza jest potężną bronią. Ponadto znacznie korzystniej pod względem finansowym jest popełniać błędy na papierze niż w rzeczywistości. Zaoszczędzisz również czas, który stracił(a)byś na wdrożenie błędnych decyzji. Wreszcie analiza ta jest użyteczna, kiedy czujesz, że jesteś w martwym punkcie, nie wiesz, jak masz postąpić. Dokonaj analizy choćby niedokładnie i na próbę, aby ruszyć dalej.

ROZDZIAŁ 2
ETAPY ANALIZY SWOT

2.1. IDENTYFIKACJA MOCNYCH I SŁABYCH STRON

Planując strategię, trzeba wziąć pod uwagę, które zasoby się posiada, a których nie. Strategia powinna być zaplanowana w sposób realistyczny, tzn. aby nie wymagała zasobów większych niż analizowany podmiot posiada lub jest możliwe, że będzie posiadał w przyszłości. W przypadku kształtowania strategii przedsiębiorstwa, decydujące znaczenie mają jego zasoby materialne i niematerialne, ich wielkość i struktura, a także możliwości ich pozyskania i wykorzystania. Do zasobów materialnych można zaliczyć: maszyny, urządzenia, surowce do produkcji, produkty itp. Natomiast zasobami niematerialnymi są: wiedza i doświadczenie pracowników, zaufanie klientów, marka, kwalifikacje kadry zarządzającej itp. Mogą one stanowić mocną lub słabą stronę danej firmy.

Mocne strony (silne strony) to takie zasoby i umiejętności, w których firma ma przewagę nad aktualnymi i potencjalnymi konkurentami na rynku. Są to te zasoby i umiejętności, które są ważne z punktu widzenia tworzenia wartości dla odbiorcy. Trzeba je tworzyć i utrzymywać w przyszłości. Umożliwiają one zajęcie korzystnej pozycji na rynku. Mogą to być zarówno zalety marketingowe (np. produkt, system promocji, dystrybucji), jak też czynniki z którejś sfery przedsiębiorstwa (np. zarządzanie kadrami, B+R). Mogą dotyczyć zasobów i umiejętności firmy w zakresie zarządzania, zachowania się na rynku i tworzenia dobrego klimatu.

Im większą przewagę zapewnia określona mocna strona firmy, tym jest ona silniejsza. W analizie SWOT należy określić przynajmniej kilka mocnych stron. Przykłady mocnych stron:

- dobra opinia u klientów;
- pozycja lidera na rynku;
- prawa własności do technologii;
- wysokie kwalifikacje kadry zarządzającej;
- posiadane zasoby finansowe;
- marka produktu;
- dobrze zorganizowany serwis;
- lojalni pracownicy.

Słabe strony to te zasoby i aspekty funkcjonowania przedsiębiorstwa, które ograniczają jego sprawność, blokują rozwój. Są związane z ograniczonymi zasobami i niewystarczającymi umiejętnościami. Jeśli nie zostaną w porę przezwyciężone, mogą osłabić silne strony. Duża liczba słabych stron, które oceniasz jako ważne, osłabia potencjał rozwojowy firmy i jej zdolność do konkurowania. Przykłady słabych stron:

- zadłużenie firmy;
- wadliwy marketing;

- przerost zatrudnienia;
- niska jakość produktu;
- niskie kompetencje kierownicze;
- negatywny wizerunek firmy na rynku;
- niewielkie zasoby finansowe;
- niejasno określony kierunek strategiczny firmy.

Identyfikacja mocnych i słabych stron może dotyczyć całej firmy, wszystkich jej kluczowych aspektów lub tylko wybranych, np. można wyróżnić tylko pewne sfery funkcjonowania firmy, które są brane pod uwagę, np. marketing, organizacja i zarządzanie itp. Od potrzeb firmy zależy, w jakich sferach działania przeprowadzisz analizę. Dokonując selekcji mocnych i słabych stron, weź pod uwagę te obszary, które uważasz za istotne. Pomoże ci w tym poniższa lista:

- **zarobki** – jaki firma osiąga zysk, jakie występują koszty, kiedy firma osiągnie próg rentowności i czy nie będzie z tym kłopotu;
- **maszyny, sprzęt, obiekty** – w jakim są stanie, czy nie jest potrzebna wymiana lub zmiana na inne, gdzie są obecnie, jak je wykorzystać, jak wpłyną na jakość produktów;
- **surowce** – czy posiadasz odpowiedni zapas surowców, jakiej są jakości, skąd je bierzesz, czy już ich użyłeś(-aś), jaka jest cena u dostawców i co na nią wpływa;
- **zarządzanie i organizacja firmy** – jak to wygląda, jaki jest plan, jaka strategia, czy organizacja posiada stosowne umiejętności, jakie są cele firmy i dlaczego właśnie takie;
- **pracownicy** – jakimi umiejętnościami dysponują, czy jest system motywowania i wynagradzania, jaka jest atmosfera;
- **marketing** – kim są klienci, dlaczego kupują produkt, czy są lojalni, ile mają pieniędzy, czy są jakieś ich cechy

wspólne, dlaczego mają wybrać twój produkt przed konkurencyjnymi, jak wygląda baza dystrybutorów i ich zaangażowanie, czy ich motywujesz;

- **finanse** – czy dysponujesz budżetem, planem, prognozami, jakie one są, czy firma posiada odpowiednie systemy kontroli, jaka jest jej sytuacja finansowa.

Wszystkie mocne i słabe strony, które potrafisz nazwać i wskazać, wpisz w poniższą tabelę. W dalszych krokach analizy SWOT ocenisz ich istotność.

Tabela 1. Lista mocnych i słabych stron.

Mocne strony	Słabe strony
1.	1. ....
2.	2. ....
3.	3. ....

Źródło: opracowanie własne.

Nie wystarczy zidentyfikować mocne i słabe strony firmy. Trzeba je jeszcze ocenić pod względem ich siły i znaczenia. W przeciwnym wypadku trudno byłoby zbudować na ich podstawie strategię. Stosuje się tutaj oceny punktowe i wagi. Sposób, w jaki można to zrobić, został zaprezentowany w kolejnych podrozdziałach.

Każda organizacja funkcjonuje w pewnym środowisku. Otoczenie organizacji to ogół czynników zewnętrznych wpływających lub mogących wpłynąć na jej działalność. Do czynników otoczenia zalicza się: współpracowników, konkurentów, podmioty, które kształtują reguły gry na rynku, ale też zmianę stylu życia oraz postęp technologiczny. Otoczenie można analizować przy użyciu dwóch układów odniesienia: interesariuszy zewnętrznych lub wymiarów funkcjonalnych. Przez interesariuszy zewnętrznych są rozumiani: konkurenci (również potencjalni), dostawcy, odbiorcy, różne instytucje itp. Jeśli zdecydujesz się na analizę w wymiarze funkcjonalnym, musisz podzielić otoczenie firmy na obszary, np. polityka, technologia, uwarunkowania finansowe itp.

Szansami nazywane są pozytywne tendencje i zjawiska w otoczeniu, które odpowiednio wykorzystane, mogą stać się bodźcem rozwoju lub osłabić jakieś zagrożenie. Innymi słowy jest to możliwość korzystnych zmian. Nie jest ona jednak równoznaczna z niespodziewaną korzyścią, ponieważ stanowi często wynik żmudnych poszukiwań i przeprowadzonych analiz. Przykłady szans:

- wzrost popytu;
- nowa grupa klientów;
- dywersyfikacja produktów;
- wejście na nowy rynek;
- zmiany demograficzne;
- przejęcie firmy;
- rozszerzenie asortymentu.

Z kolei zagrożenia to czynniki zewnętrzne, które są postrzegane przez firmę jako bariery, utrudnienia, dodatkowe koszty, które zahamują jej rozwój. Zagrożenia to zdarzenia, które będą miały negatywny wpływ, o ile nie podejmie się pewnych kroków zaradczych. Nie pozwalają na pełne wykorzystanie szans i mocnych stron firmy. Zagrożenie dla twojej firmy może być szansą dla kogoś innego, która zostanie przez niego wykorzystana, o ile się temu nie przeciwstawisz. Pamiętaj o tym, kiedy będziesz chciał(a) spożytkować swoje szanse. Zawsze jest ktoś, dla kogo będzie to zagrożeniem. Przykłady zagrożeń:

- wzrost cen surowców;
- nowi zagraniczni konkurenci;
- większy udział w rynku substytutów;
- strata głównego klienta;
- zmiana potrzeb nabywców;
- zmiana prawa;
- niskie tempo wzrostu rynku;
- kryzys gospodarczy.

Przeprowadzając analizę szans oraz zagrożeń, powinieneś (powinnaś) brać pod uwagę zarówno otoczenie bliższe (rynkowe, konkurencyjne), jak i dalsze (technologiczne, kulturowe, społeczne itp.), nazywane również makrootoczeniem. Do otoczenia bliższego zalicza się te podmioty, z którymi organizacja współpracuje albo konkuruje. Z kolei na otoczenie dalsze składają się te czynniki, które oddziałują na firmę w dłuższym okresie czasu. Jednym z problemów przy analizie może być to, jak daleko sięgnąć do otoczenia dalszego.

Do wytypowania szans i zagrożeń może ci pomóc poniższa lista zagadnień:

- **zmiany w prawie lub w systemie podatkowym** – czy zmiany w przepisach będą miały wpływ na działalność, w jakim zakresie, czy nie zmieni się prawo pracy, jakie ustawy wejdą w życie lub ulegną nowelizacji;

- **postęp technologiczny** – jaki ma wpływ na firmę, jak można go wykorzystać, czy może jej zagrozić, jakich innowacji można się spodziewać;
- **styl życia** – czy i w jakim zakresie zmiany społeczne mogą wpłynąć na firmę, czy wpłynie to na pracowników, jakie kwalifikacje będą potrzebne, czy zmiana struktury wieku ludności ma znaczenie, jaki jest poziom konsumpcji, czy trzeba się liczyć z presją opinii publicznej, jaki jest nacisk na ekologię;
- **polityka** – czy sytuacja polityczna i geopolityczna może wpłynąć na firmę, w jakim stopniu, jak wygląda stabilność państwa i jego polityki, jakich dotacji można się spodziewać, jakie sektory będą wspierane, z jakimi krajami państwo chce podjąć współpracę, czy nastąpi prywatyzacja;
- **konkurencja** – kim są konkurenci, jak są silni, czy mogą pojawić się nowi, jaka jest pozycja firmy względem nich;
- **zmiany gospodarcze** – jaki wpływ będzie miała inflacja, recesja, poziom bezrobocia, wzrost PKB itp.

Wszystkie szanse i zagrożenia, które potrafisz nazwać i wskazać, wpisz w poniższą tabelę. W dalszych krokach analizy SWOT ocenisz ich istotność.

Tabela 2. Lista szans i zagrożeń

Szanse	Zagrożenia
1.	1. ....
2.	2. ....
3.	3. ....

Źródło: opracowanie własne.

Nie wszystkie zidentyfikowane mocne i słabe strony twojej organizacji są jednakowo ważne pod względem tworzenia strategii. Musisz teraz je ocenić, co umożliwi ci skoncentrowanie się na tych najistotniejszych. Jeśli myślisz, że warto koncentrować się na wszystkich zasobach, które wyróżniłeś(-aś), przypomnij sobie teorię sformułowaną przez Vilfredo Pareto. Płynący z niej wniosek jest taki, że zaledwie 20% działalności daje nawet do 80% zysku. Nie trzeba zatem skupiać się na wszystkim, aby znacząco poprawić swoje wyniki. Poza tym byłoby to skomplikowane i zajęłoby ci wiele czasu.

Mocne i słabe strony, które zostały przez ciebie zidentyfikowane w podrozdziale 2.1., wpisz w poniższą tabelę, a następnie dokonaj ich oceny według zamieszczonej poniżej instrukcji. Jak widzisz, mogłeś(-aś) też wybrać te aspekty działalności firmy, które oceniasz jako ważne i dopiero teraz określić, czy jest to mocna, czy też słaba strona firmy. Wypełnij tabelę 3.

Tabela 3. Ocena mocnych i słabych stron

Lp.	Mocne/Słabe strony	Wycena czynnika jako strony				Ranga czynnika			Ocena łączna
		słabej		mocnej		1	2	3	
		-2	-1	+1	+2				
1.									
2.									
3.									
4.									
5.									
...									

Źródło: opracowanie własne.

Dokonaj *wyceny czynnika jako strony* mocnej lub słabej, posługując się skalą punktową, gdzie:

-2 pkt – czynnik uznany za bardzo słabą stronę firmy,

-1 pkt – czynnik uznany za słabą stronę,

+1 pkt – czynnik uznany za mocną stronę,

+2 pkt – czynnik uznany za bardzo mocną stronę.

Wyróżnionym mocnym i słabym stronom nadaj rangę, a więc określ, jakie przypisujesz im znaczenie. Rangę można nadać na podstawie, np. własnej wiedzy o branży, badań rynkowych, oceny kierownictwa firmy lub zatrudnionych ekspertów. Stosowane oznaczenia:

3 – oznacza rangę najwyższą;

2 – oznacza rangę średnią;

1 – oznacza niską rangę czynnika.

Ocena łączona jest iloczynem *wyceny czynnika jako strony i rangi czynnika*. Im jest wyższa, tym czynnik ma większe znaczenie. Zostanie on więc wytypowany do wykorzystania przy sporządzeniu diagramu analizy strategicznej SWOT, która pozwoli wybrać zalecaną strategię.

Poniżej znajduje się przykład wypełnionej tabeli. Zostały w nią wpisane wszystkie zidentyfikowane czynniki. Następnie dokonano ich oceny. Do dalszej analizy przejdą tylko te z najwyższą oceną łączną, a więc zostały wycenione jako istotne oraz/lub miały wysoką rangę.

Tabela 4. Ocena mocnych i słabych stron – przykład wypełnienia

Lp.	Mocne/Słabe strony	Wycena czynnika jako strony				Ranga czynnika			Ocena łączna
		słabej		mocnej		1	2	3	
		-2	-1	+1	+2				
1.	Lokalizacja 50 m od plaży				x			x	6
2.	Wysoka jakość świadczenia usług				x			x	6
3.	Dobra zyskowność przedsięwzięcia				x			x	6
4.	Duże doświadczenie i kwalifikacje udziałowców w zarządzaniu podmiotami gospodarczymi				x		x		4
5.	Duże doświadczenie jednego z udziałowców				x		x		4
6.	Otwartość na zmiany, innowacyjność				x			x	6
7.	Atrakcyjna oferta (m.in. domy na wodzie)				x			x	6
8.	Wykwalifikowana kadra				x			x	6
9.	Spełnianie standardów ochrony środowiska				x		x		4
10.	Nowy obiekt, bez historii	x				x			-2
11.	Brak doświadczenia niektórych udziałowców w prowadzeniu działalności	x					x		-4
12.	Brak wystarczających środków finansowych na sfinansowanie inwestycji	x						x	-6
13.	Słaba infrastruktura miejscowości		x				x		-2
14.	Niska jakość dróg, brak lotniska	x					x		-4
15.	Niespójna reklama	x						x	-6
16.	Wewnętrzny kryzys tożsamości firmy – brak spójnego wizerunku u pracowników	x						x	-6

Źródło: opracowanie własne.

Zidentyfikowanie szans i zagrożeń występujących w otoczeniu firmy jest niezwykle istotne. Jeśli zostało to już przez ciebie zrobione (podrozdział 2.2.), możesz teraz ocenić ich znaczenie dla przyszłego funkcjonowania firmy.

Wszystkie szanse i zagrożenia, które zostały przez ciebie zidentyfikowane, wpisz w poniższą tabelę, a następnie dokonaj ich oceny według zamieszczonej poniżej instrukcji. Mogłeś(-aś) też wybrać te czynniki otoczenia, które oceniasz jako ważne i dopiero teraz określić, czy jest to szansa, czy też zagrożenie dla analizowanego podmiotu.

Tabela 5. Ocena szans i zagrożeń

Lp.	Szansa/Zagrożenie	Wycena wpływu czynników otoczenia			
		-2	-1	+1	+2
1.					
2.					
3.					
4.					
5.					
...					

Źródło: opracowanie własne.

Oceny czynnika jako szansy lub zagrożenia dokonujesz za pomocą skali punktowej, gdzie:

-2 pkt oznacza czynnik uznany za bardzo silne zagrożenie dla firmy,

-1 pkt oznacza czynnik uznany za zagrożenie, ale o mniejszym wpływie,

+1 pkt oznacza czynnik uznany za szansę,

+2 pkt oznacza czynnik uznany za szansę o dużym wpływie.

Czasami występuje także możliwość „0 pkt". Oznacza się w ten sposób czynnik, którego nie można jednoznacznie przypisać jako zagrożenie czy jako szansę. Uważam jednak to rozwiązanie za mało pomocne przy tworzeniu analizy. Jeśli jednak zidentyfikowałeś(-aś) taki czynnik i sądzisz, że powinien on znaleźć się w analizie, możesz go zapisać z wartością „0" pomiędzy kolumnami „-1" i „+1".

Uzyskane w ten sposób wyniki posłużą do przygotowania macierzy analizy strategicznej SWOT. Najważniejsze będą czynniki o wartościach najbardziej skrajnych. Poniżej znajduje się przykład wypełnionej tabeli.

Tabela 6. Ocena szans i zagrożeń – przykład wypełnienia

Lp.	Szansa/Zagrożenie	Wycena wpływu czynników otoczenia			
		-2	-1	1	2
1.	Nowe segmenty klientów			x	
2.	Wejście na nowe rynki, poszerzenie oferty				x
3.	Walory klimatyczne			x	
4.	Dbałość społeczeństwa o zdrowie i wypoczynek				x
5.	Wzrost zainteresowania nadmorską strefą rekreacyjną				x
6.	Wsparcie Unii Europejskiej dla programów regionalnych			x	
7.	Brak przemysłu ciężkiego			x	
8.	Wzrost dochodowości społeczeństwa, wzrost konsumpcji			x	
9.	Zainteresowanie turystów zagranicznych Polską				x
10.	Rosnące zainteresowanie inwestorów i kapitału rozwojem infrastruktury rekreacyjnej			x	
11.	Duży ośrodek miejski w sąsiedztwie – Koszalin i Kołobrzeg				x
12.	Sprzyjająca polityka władz gminnych			x	
13.	Czyste i sprzyjające leczeniu różnych schorzeń środowisko			x	
14.	Sezonowość tej działalności gospodarczej	x			
15.	Rosnąca liczba poważnych, aktywnie działających konkurentów	x			
16.	Brak obiektów kulturalnych w okolicy		x		
17.	Niskie ceny wypoczynku za granicą	x			

Lp.	Szansa/Zagrożenie	Wycena wpływu czynników otoczenia			
		-2	-1	1	2
18.	Wzrost aktywności ofert konkurencji	x			
19.	Wysoka podaż wpływająca na wzrost wymagań odbiorców		x		
20.	Pojawienie się na rynku firm, oferujących podobne usługi (tzn. domki pływające)	x			

Źródło: opracowanie własne.

2.5. DIAGRAM ANALIZY SWOT

Prawdopodobnie spotkałeś(-aś) się z tym, że analiza SWOT jest przedstawiana jako diagram, w który wpisywane są w czterech polach kolejne mocne i słabe strony, szanse i zagrożenia. Być może na tym poprzestawano, nie przekładając tego na strategię. Obniża to wartość analizy, ale również może być użyteczne, o ile podejdzie się do tego w sposób sumienny oraz konsekwentny.

Po wykonaniu analizy SWOT w najprostszej wersji otrzymuje się zatem cztery zestawienia:
- listę mocnych stron organizacji;
- listę słabych stron organizacji;
- listę szans w otoczeniu organizacji;
- listę zagrożeń w otoczeniu organizacji.

Listy te są ograniczone do najważniejszych mocnych i słabych stron, szans i zagrożeń. Każdy z czynników należy dokładnie zdefiniować, ponieważ mogą być rozumiane w rozmaity sposób i osoba czytająca analizę SWOT może nie wiedzieć, co jej autor miał na myśli, używając określonego sformułowania. Możesz to zrobić w taki sposób:

<u>Mocne strony:</u>

1. Nazwa mocnej strony 1

Opis ....

2. Nazwa mocnej strony 2
   Opis ....

3. ....

<u>Słabe strony:</u>

1. Nazwa słabej strony 1
   Opis ....

2. Nazwa słabej strony 2
   Opis ....

3. ....

<u>Szanse:</u>

1. Nazwa szansy 1
   Opis ....

2. Nazwa szansy 2
   Opis ....

3. ....

<u>Zagrożenia:</u>

1. Nazwa zagrożenia 1
   Opis ....

2. Nazwa zagrożenia 2
   Opis ....

3. ....

Kiedy już dysponujesz właściwie skonstruowaną listą, jesteś pewien (pewna), że czynniki przez ciebie wyróżnione mają duże znaczenie dla organizacji, możesz je przedstawić w formie graficznej. Czasami podczas warsztatów używa się podobnego diagramu do wskazywania mocnych i słabych stron, szans i zagrożeń, jednak jeśli na tym poprzestaniesz i nie wykonasz następnie dokładnej oceny (jak ta zaprezentowana w podrozdziałach 2.3. i 2.4.), nie będzie ona miała zbyt wielkiego znaczenia, a już z pewnością nie warto według niej określać strategii.

Jeśli wykonałeś(-aś) wszystkie omówione poprzednio kroki, możesz wpisać do macierzy (diagramu) wyróżnione przez siebie czynniki, mając pewność, że to właśnie one mają podstawowe znaczenie dla podmiotu, który analizujesz.

Tabela 7. Diagram analizy SWOT

	POZYTYWNE	NEGATYWNE
WEWNĘTRZNE	Mocne strony:	Słabe strony: ....
ZEWNĘTRZNE	Szanse:	Zagrożenia: ....

Źródło: opracowanie własne.

ROZDZIAŁ 3
WYBÓR STRATEGII

Można mówić o trzech głównych etapach, w których następuje przygotowanie analizy SWOT. Jest to: etap identyfikacji wnętrza firmy, czyli określenie jej mocnych i słabych stron; etap drugi polegający na identyfikacji otoczenia firmy, a więc wskazania szans i zagrożeń, tkwiących w jej otoczeniu; etap trzeci, na który składa się określenie pozycji strategicznej firmy i wytyczenie kierunków jej rozwoju.

3.1. OCENA POZYCJI STRATEGICZNEJ (SWOT)

Analizę SWOT można zakończyć w momencie określenia listy mocnych i słabych stron, szans i zagrożeń, które wpisuje się w diagram. Często analiza SWOT jest przedstawiana w takiej właśnie postaci. Jednak jej pełna przydatność ujawni się dopiero wtedy, kiedy użyjesz wyników analizy do określenia pozycji strategicznej przedsiębiorstwa. Osiągniesz to poprzez konfrontację mocnych i słabych stron firmy z występującymi w otoczeniu szansami i zagrożeniami. Można to zrobić, wypełniając macierz, którą przedstawiono poniżej. Istnieje wiele sposobów na jej sporządzenie (podobnie jak dokonania ocen, nadania wag itp.). W tym podrozdziale zapoznasz się z jednym z nich.

Jak było już powiedziane wcześniej, analiza SWOT oznacza podejście od wewnątrz do zewnątrz. Z tego powodu odpowiesz na cztery pytania:

1. Czy zidentyfikowane mocne strony pozwolą wykorzystać nadarzające się szanse?
2. Czy zidentyfikowane mocne strony pozwolą przezwyciężyć zagrożenia?
3. Czy zidentyfikowane słabe strony nie pozwolą na wykorzystanie nadarzających się szans?
4. Czy zidentyfikowane słabe strony wzmocnią siłę oddziaływania zagrożeń?

Za każdym razem, kiedy odpowiedź brzmi twierdząco, należy wstawić znak „x" we właściwe pole. Możesz także wstawić „1", kiedy zależność występuje oraz „0", kiedy zależność nie występuje. Czasami można spotkać się z metodą, w której występuje punktacja dodatnia i ujemna, ale nie będzie tutaj stosowana, aby zbyt nie skomplikować ogólnego obrazu.

W główce i w boczku tabeli umieszczasz wszystkie mocne i słabe strony, szanse i zagrożenia, które zostały wskazane jako najważniejsze. W zależności od przyjętej przez ciebie metody, możesz ograniczyć ich liczbę (np. do 5), ale nie musisz tego robić. Ich liczba też nie musi być równa. Zdarza się tak w sytuacji, kiedy np. analizowany podmiot ma więcej mocnych stron niż słabości itp. Dla wszystkich wskazanych czynników zadaj odpowiednie pytanie analizy SWOT i określ, czy występuje zależność pomiędzy czynnikami.

Tabela 8. Wykrycie zależności – analiza SWOT

			Otoczenie									
			Szanse					Zagrożenia				
			1. ...	2. ...	3. ...	4. ...	5. ...	1. ...	2. ...	3. ...	4. ...	5. ...
Firma	Mocne strony	1. ...										
		2. ...										
		3. ...										
		4. ...										
		5. ...										
	Słabe strony	1. ...										
		2. ...										
		3. ...										
		4. ...										
		5. ...										

Źródło: opracowanie własne.

Dla każdej mocnej i słabej strony, a także związanych z nimi szans i zagrożeń, zadajesz te same podane wyżej pytania. Pierwsze pytanie, dla mocnej strony nr 1 i szansy nr 1, brzmi: „czy zidentyfikowana mocna strona w postaci [wstaw mocną stronę nr 1] pozwoli wykorzystać nadarzającą się szansę w postaci [wstaw szansę nr 1]?". Drugie pytanie: „czy zidentyfikowana mocna strona w postaci [wstaw mocną stronę nr 1] pozwoli przezwyciężyć zagrożenie w postaci [wstaw zagrożenie nr 1]?". Tym sposobem przerabiasz wszystkie czynniki.

Najlepiej przeczytaj te pytania na głos (choćby tylko dla siebie), zastanów się nad odpowiedzią i jeśli jest twierdząca, wstaw znak „x" we właściwe pole w tabeli. Jeśli odpowiedź brzmi „nie", zostaw puste pole albo wstaw „0".

Przykład wypełnionej tabeli znajduje się poniżej. Jak widzisz, liczba czynników nie jest w nim równa[18]. Nie musisz także wpisywać pełnej nazwy czynników, szczególnie jeśli nie masz zbyt wiele miejsca, wystarczy przypisać im cyfry.

---

[18] Przeprowadzałam analizy porównawcze dla sytuacji, kiedy wybrano po pięć najważniejszych czynników oraz kiedy tego nie robiono. Jeśli chodzi o efekty, nie było istotnych różnic, liczba występujących zależności kształtowała się na podobnym poziomie.

Tabela 9. Wykrycie zależności w analizie SWOT – przykład wypełnienia

			Otoczenie													
			Szanse						Zagrożenia							
			1	2	3	4	5	6	1	2	3	4	5	6	7	8
Firma	Mocne strony	1	1	0	1	1	1	0	0	0	1	0	0	0	0	1
		2	1	1	1	1	0	1	1	1	0	1	1	0	0	1
		3	1	1	1	0	1	1	0	0	0	0	0	1	0	0
		4	1	1	1	0	1	1	0	0	1	0	0	0	0	0
		5	1	1	1	0	0	1	0	0	0	0	0	1	0	0
		6	1	1	1	1	1	1	1	0	0	0	1	1	0	0
		7	1	1	1	1	1	1	0	0	0	0	0	0	0	0
		8	1	1	1	1	0	0	0	1	0	0	0	1	0	0
		9	1	1	1	1	1	1	0	0	0	0	0	1	0	0
		10	1	1	1	0	1	1	1	1	0	0	0	0	1	1
		11	1	1	1	1	1	1	1	1	1	0	1	0	0	1
	Słabe strony	1	1	1	1	0	1	1	1	0	0	0	0	1	0	0
		2	0	0	0	0	1	0	0	1	0	1	0	0	0	0
		3	0	0	0	0	0	0	1	1	0	1	0	0	0	1
		4	0	0	0	0	0	0	1	0	1	0	0	0	0	0
		5	1	1	1	0	0	0	1	0	0	0	0	1	0	1

Źródło: opracowanie własne.

W zależności od tego, w którym polu nastąpi największe skoncentrowanie znaków „x" lub „1", taką należy wybrać strategię. Wstaw liczbę uzyskanych interakcji w odpowiednie pole w poniższej tabeli i zobacz, którą powinieneś (powinnaś) wybrać strategię.

Tabela 10. Określenie pozycji strategicznej – analiza SWOT

	Szanse	Zagrożenia
Mocne strony	Liczba interakcji – .... Strategia agresywna (*maxi-maxi*)	Liczba interakcji – .... Strategia konserwatywna (*maxi-mini*)
Słabe strony	Liczba interakcji – .... Strategia konkurencyjna (*mini-maxi*)	Liczba interakcji – .... Strategia defensywna (*mini-mini*)

Źródło: opracowanie własne.

Uzupełnieniem analizy SWOT jest analiza TOWS. Podejście to jest określane jako od zewnątrz do wewnątrz. O ile podczas analizy SWOT należało oprzeć się na mocnych i słabych stronach organizacji i wykorzystać je w danym otoczeniu, podczas analizy TOWS przyjmowane jest założenie odwrotne. Strategia firmy polega na umiejętnym dostosowywaniu się firmy do sygnałów płynących z jej otoczenia.

Już sama nazwa wskazuje, że analiza TOWS polega na odwróceniu analizy SWOT. Powstała ona poprzez przestawienie liter w słowie SWOT. W analizie TOWS zatem należy zacząć się od rozpatrzenia szans i zagrożeń, przed którymi stoi organizacja, a następnie konfrontuje się je z własnymi predyspozycjami do wykorzystania tych szans i przezwyciężenia zagrożeń.

Od strony technicznej, napisanie analizy TOWS wygląda tak samo, jak miało to miejsce podczas omawianej już analizy SWOT. Należy więc zidentyfikować mocne i słabe strony, szanse i zagrożenia, a następnie ocenić ich znaczenie, wybrać te, które są kluczowe i dokładnie je opisać. Następnie bada się zależności, zachodzące pomiędzy mocnymi i słabymi stronami a szansami i zagrożeniami. Polega to na wypełnieniu podobnej macierzy, z jaką miałeś(-aś) do czynienia przy ocenie pozycji strategicznej (podrozdział 3.1.). W analizie TOWS występuje zbiór następujących pytań:

1. Czy szanse spotęgują mocne strony?
2. Czy zagrożenia osłabią mocne strony?
3. Czy szanse pozwolą przezwyciężyć słabe strony?
4. Czy zagrożenia spotęgują słabe strony?

Odpowiedzi na powyższe pytania wpisz w macierz, analogicznie jak to robiłeś(-aś) przy analizie SWOT. Wypełnij tabelę, wstawiając „x" lub „1", kiedy zależność występuje i „0" w sytuacji, gdy ona nie występuje. Jeśli nie pamiętasz, jak to się robi, wróć do podrozdziału 3.1.

Tabela 11. Wykrycie zależności – analiza TOWS

			Firma									
			Mocne strony					Słabe strony				
			1. ...	2. ...	3. ...	4. ...	5. ...	1. ...	2. ...	3. ...	4. ...	5. ...
Otocze-nie	Szanse	1. ...										
		2. ...										
		3. ...										
		4. ...										
		5. ...										
	Zagro-żenia	1. ...										
		2. ...										
		3. ...										
		4. ...										
		5. ...										

Źródło: opracowanie własne.

W zależności od tego w którym polu nastąpi największe skoncentrowanie znaków „x" lub „1", taką należy wybrać strategię. Wstaw liczbę uzyskanych interakcji w odpowiednie pole tabeli 12 i zobacz, którą powinieneś (powinnaś) wybrać strategię.

Tabela 12. Określenie pozycji strategicznej – analiza SWOT

	Mocne strony	Słabe strony
Szanse	Liczba interakcji – .... Strategia agresywna (*maxi-maxi*)	Liczba interakcji – .... Strategia konkurencyjna (*mini-maxi*)
Zagroże-nia	Liczba interakcji – .... Strategia konserwatywna (*maxi-mini*)	Liczba interakcji – .... Strategia defensywna (*mini-mini*)

Źródło: opracowanie własne.

Wykonując analizę SWOT TOWS, trzeba zbadać występujące relacje równolegle. Oznacza to, że wypełniasz obie powyższe tabele (czyli tabele 8 i 11), stawiając przy tym właściwe pytania dla każdej z nich. Wtedy wybór strategii nie ograniczy się jedynie do opracowania wniosków z analizy SWOT, lecz również bierze się w nim pod uwagę analizę TOWS. Zauważ, że poszczególne pola z obu analiz odpowiadają sobie nawzajem. Możesz dodać zależności i wskazać strategię lub przeprowadzić dodatkowo ocenę wag i rangi, co jest bardziej skomplikowane. Potrzebne do tego tabele krzyżowe zostały zamieszczone w kolejnym podrozdziale.

3.3. ANALIZA SWOT TOWS Z WYKORZYSTANIEM WAG

Wykonując analizę SWOT TOWS, możesz ograniczyć się do sposobu zaprezentowanego w podrozdziałach 3.1. i 3.2., a więc wykryć zależności, policzyć interakcje występujące w poszczególnych polach i na tej podstawie wskazać strategię. Możesz także wykorzystać inny sposób. Wydaje się o tyle lepszy, że analizę SWOT i analizę TOWS można połączyć i zaprezentować w bardziej profesjonalny sposób. Wymaga on jednak więcej pracy. Identyfikacja i ocena czynników, zaprezentowana w rozdziale 2, przebiega tak samo dla obu podejść. Różnice zaczynają się od momentu oceny pozycji strategicznej, którą rozpoczyna ustalenie wag.

3.3.1. USTALENIE WAG

Kiedy masz już wyselekcjonowane oraz opisane mocne i słabe strony, szanse i zagrożenia, ponadto wiesz, że to na nich chcesz opierać swoją strategię, wypełnij poniższą tabelę. Każdemu z czynników nadaj wagę, według której go oceniasz (można zastosować np. metodę sędziów kompetentnych, aby ustalić wagi). Najwyższa waga jest dla najważniejszego czynnika, a najniższa dla najmniej istotnego. Wagi w ramach poszczególnych pól tabeli muszą sumować się do 1.

Tabela 13. Ustalenie wag

Mocne strony	Waga	Słabe strony	Waga
Mocna strona 1		Słaba strona 1	
Mocna strona 2		Słaba strona 2	
Mocna strona 3		Słaba strona 3	
Mocna strona 4		Słaba strona 4	
Mocna strona		Słaba strona	
	1,0		1,0
Szanse	Waga	Zagrożenia	Waga
Szansa 1		Zagrożenie 1	
Szansa 2		Zagrożenie 2	
Szansa 3		Zagrożenie 3	
Szansa 4		Zagrożenie 4	
Szansa		Zagrożenie	
	1,0		1,0

Źródło: opracowanie własne.

Przykład wypełnionej tabeli znajduje się poniżej. Liczba czynników nie musi być równa, jednak jest to wygodne ze względów technicznych. Niezależnie od tego, ile wskażesz czynników, suma ich wag w poszczególnych polach musi wynosić 1.

Tabela 14. Ustalenie wag – przykład wypełnienia

Mocne strony	Waga	Słabe strony	Waga
Atrakcyjna lokalizacja – 50 m od plaży	0,3	Brak doświadczenia niektórych udziałowców w prowadzeniu tego typu działalności	0,1
Wysoka jakość świadczenia usług	0,1	Brak wystarczających środków finansowych na sfinansowanie inwestycji	0,3
Dobra zyskowność przedsięwzięcia	0,2	Niska jakość dróg, brak lotniska	0,2
Atrakcyjna oferta (m.in. domy na wodzie)	0,3	Niespójna reklama	0,3
Wykwalifikowana kadra	0,1	Wewnętrzny kryzys tożsamości firmy – brak spójnego wizerunku u pracowników	0,1
	1,0		1,0
Szanse	Waga	Zagrożenia	Waga
Wejście na nowe rynki, poszerzenie oferty	0,3	Sezonowość tej działalności gospodarczej	0,4
Wzrost dbałości społeczeństwa o zdrowie i wypoczynek	0,1	Rosnąca liczba poważnych, aktywnie działających konkurentów	0,1
Wzrost zainteresowania nadmorską strefą rekreacyjną	0,1	Niskie ceny wypoczynku za granicą	0,1
Wzrost zainteresowania turystów zagranicznych Polską	0,2	Wzrost aktywności ofert konkurencji	0,1
Duży ośrodek miejski w sąsiedztwie – Koszalin i Kołobrzeg	0,3	Pojawienie się na rynku firm, oferujących podobne usługi (tzn. domki pływające)	0,3
	1,0		1,0

Źródło: opracowanie własne.

3.3.2. TABELE KRZYŻOWE

Kiedy już ustalisz wagi, pora odpowiedzieć na cztery pytania analizy SWOT i cztery pytania analizy TOWS. Jest to ten sam zestaw pytań, jaki podano w poprzednich podrozdziałach. Daje to w sumie osiem następujących pytań:

1. Czy zidentyfikowane mocne strony pozwolą wykorzystać nadarzające się szanse?
2. Czy zidentyfikowane mocne strony pozwolą przezwyciężyć zagrożenia?
3. Czy zidentyfikowane słabe strony nie pozwolą na wykorzystanie nadarzających się szans?
4. Czy zidentyfikowane słabe strony wzmocnią siłę oddziaływania zagrożeń?
5. Czy szanse spotęgują mocne strony?
6. Czy zagrożenia osłabią mocne strony?
7. Czy szanse pozwolą przezwyciężyć słabe strony?
8. Czy zagrożenia spotęgują słabe strony?

Każdemu pytaniu odpowiada jedna tabela. Są to tzw. tabele krzyżowe. Wypełnij osiem poniższych tabel. Jeśli odpowiedź jest twierdząca, zależność występuje i należy wpisać „1" w odpowiednie pole. Jeśli nie, wpisz „0". W kolumnie i wierszu *waga* wpisz ustalone wcześniej wagi dla każdej z cech (patrz: tabela 13). *Liczba interakcji* oznacza sumę występowania zależności. *Iloczyn wag i interakcji* oznacza pomnożenie wagi i interakcji, a potem wpisanie wyniku. *Rangę* wpisuje się od „1" do „5", w zależności od wyniku iloczynu wag i interakcji. Tam gdzie jest najwyższy, wpisujesz „1". Tam gdzie najniższy „5". Ranga określa moc cechy.

Tabela 15. SWOT: Czy zidentyfikowane mocne strony pozwolą wykorzystać nadarzające się szanse?

Mocne strony/ Szanse	MS1	MS2	MS3	MS4	MS5	Waga	Liczba interakcji	Iloczyn wag i interakcji	Ranga
S1									
S2									
S3									
S4									
S5									
Waga									
Liczba interakcji									
Iloczyn wag i interakcji									
Ranga									
Suma interakcji									
Suma iloczynów									

Źródło: opracowanie własne.

Tabela 16. TOWS: Czy szanse spotęgują mocne strony?

Szanse/ Mocne strony	S1	S2	S3	S4	S5	Waga	Liczba interakcji	Iloczyn wag i interakcji	Ranga
MS1									
MS2									
MS3									
MS4									
MS5									
Waga									
Liczba interakcji									
Iloczyn wag i interakcji									
Ranga									
Suma interakcji									
Suma iloczynów									

Źródło: opracowanie własne.

Tabela 17. SWOT: Czy zidentyfikowane mocne strony pozwolą przezwyciężyć zagrożenia?

Mocne strony/ Zagrożenia	MS1	MS2	MS3	MS4	MS5	Waga	Liczba interakcji	Iloczyn wag i interakcji	Ranga
Z1									
Z2									
Z3									
Z4									
Z5									
Waga									
Liczba interakcji									
Iloczyn wag i interakcji									
Ranga									
Suma interakcji									
Suma iloczynów									

Źródło: opracowanie własne.

Tabela 18. TOWS: Czy zagrożenia osłabią mocne strony?

Zagrożenia/ Mocne strony	Z1	Z2	Z3	Z4	Z5	Waga	Liczba interakcji	Iloczyn wag i in- terakcji	Ranga
MS1									
MS2									
MS3									
MS4									
MS5									
Waga									
Liczba interakcji									
Iloczyn wag i interakcji									
Ranga									
Suma interakcji									
Suma iloczynów									

Źródło: opracowanie własne.

Tabela 19. SWOT: Czy zidentyfikowane słabe strony nie pozwolą na wykorzystanie nadarzających się szans?

Słabe strony/ Szanse	SS1	SS2	SS3	SS4	SS5	Waga	Liczba interakcji	Iloczyn wag i interakcji	Ranga
S1									
S2									
S3									
S4									
S5									
Waga									
Liczba interakcji									
Iloczyn wag i interakcji									
Ranga									
Suma interakcji									
Suma iloczynów									

Źródło: opracowanie własne.

Tabela 20. TOWS: Czy szanse pozwolą przezwyciężyć słabe strony?

Szanse/ Słabe strony	S1	S2	S3	S4	S5	Waga	Liczba interakcji	Iloczyn wag i interakcji	Ranga
SS1									
SS2									
SS3									
SS4									
SS5									
Waga									
Liczba interakcji									
Iloczyn wag i interakcji									
Ranga									
Suma interakcji									
Suma iloczynów									

Źródło: opracowanie własne.

Tabela 21. SWOT: Czy zidentyfikowane słabe strony wzmocnią siłę oddziaływań zagrożeń?

Słabe strony/ Zagrożenia	SS1	SS2	SS3	SS4	SS5	Waga	Liczba interakcji	Iloczyn wag i interakcji	Ranga
Z1									
Z2									
Z3									
Z4									
Z5									
Waga									
Liczba interakcji									
Iloczyn wag i interakcji									
Ranga									
Suma interakcji									
Suma iloczynów									

Źródło: opracowanie własne.

Tabela 22. TOWS: Czy zagrożenia spotęgują słabe strony?

Zagrożenia/ Słabe strony	Z1	Z2	Z3	Z4	Z5	Waga	Liczba interakcji	Iloczyn wag i interakcji	Ranga
SS1									
SS2									
SS3									
SS4									
SS5									
Waga									
Liczba interakcji									
Iloczyn wag i interakcji									
Ranga									
Suma interakcji									
Suma iloczynów									

Źródło: opracowanie własne.

Poniżej znajduje się przykład wypełnienia wszystkich tabel. Dobrze byłoby, abyś we własnej analizie opisał(a) każdą tabelę albo przynajmniej opisał(a) je grupami po dwie, a więc w pierwszych dwóch analizujesz zależności pomiędzy mocnymi stronami i szansami. Odpowiada to strategii agresywnej. Możesz więc przeanalizować obie tabele pod tym kątem.

Tabela 23. SWOT: Czy zidentyfikowane mocne strony pozwolą wykorzystać nadarzające się szanse? – przykład wypełnienia

Mocne strony/ Szanse	MS1	MS2	MS3	MS4	MS5	Waga	Liczba interakcji	Iloczyn wag i interakcji	Ranga
S1	1	1	1	1	1	0,3	5	1,5	1
S2	1	0	0	1	1	0,1	3	0,3	5
S3	1	1	0	1	1	0,1	4	0,4	4
S4	0	1	1	1	1	0,2	4	0,8	3
S5	1	0	1	1	1	0,3	4	1,2	2
Waga	0,3	0,1	0,2	0,3	0,1				
Liczba interakcji	4	3	3	5	5				
Iloczyn wag i interakcji	1,2	0,3	0,6	1,5	0,5				
Ranga	2	5	3	1	4				
Suma interakcji							40/2		
Suma iloczynów								8,3	

Źródło: opracowanie własne.

Tabela 24. TOWS: Czy szanse spotęgują mocne strony? – przykład wypełnienia

Szanse/ Mocne strony	S1	S2	S3	S4	S5	Waga	Liczba interakcji	Iloczyn wag i interakcji	Ranga
MS1	1	1	1	0	1	0,3	4	1,2	2
MS2	0	1	0	1	1	0,1	3	0,3	4/2
MS3	1	1	1	1	1	0,2	5	1,0	3
MS4	1	1	1	1	1	0,3	5	1,5	1
MS5	0	1	0	1	1	0,1	3	0,3	4/2
Waga	0,3	0,1	0,1	0,2	0,3				
Liczba interakcji	3	5	3	4	5				
Iloczyn wag i interakcji	0,9	0,5	0,3	0,8	1,5				
Ranga	2	4	5	3	1				
Suma interakcji							40/2		
Suma iloczynów								8,3	

Źródło: opracowanie własne.

Zależności, które występują pomiędzy mocnymi stronami i zagrożeniami, odpowiadają strategii konserwatywnej.

Tabela 25. SWOT: Czy zidentyfikowane mocne strony pozwolą przezwyciężyć zagrożenia? – przykład wypełnienia

Mocne strony/ Zagrożenia	MS1	MS2	MS3	MS4	MS5	Waga	Liczba interakcji	Iloczyn wag i interakcji	Ranga
Z1	0	0	1	0	0	0,4	1	0,4	2
Z2	1	1	1	1	1	0,1	5	0,5	1
Z3	0	1	0	1	0	0,1	2	0,2	5
Z4	1	1	0	1	0	0,1	3	0,3	3/2
Z5	0	1	0	0	0	0,3	1	0,3	3/2
Waga	0,3	0,1	0,2	0,3	0,1				
Liczba interakcji	2	4	2	3	1				
Iloczyn wag i interakcji	0,6	0,4	0,4	0,9	0,1				
Ranga	2	3/2	3/2	1	5				
Suma interakcji						24/2			
Suma iloczynów								4,1	

Źródło: opracowanie własne.

Tabela 26. TOWS: Czy zagrożenia osłabią mocne strony? – przykład wypełnienia

Zagrożenia/ Mocne strony	Z1	Z2	Z3	Z4	Z5	Waga	Liczba interakcji	Iloczyn wag i interakcji	Ranga
MS1	1	0	1	0	1	0,3	3	0,9	2/2
MS2	0	0	0	1	0	0,1	1	0,1	5
MS3	1	1	1	1	1	0,2	5	1,0	1
MS4	1	0	1	0	1	0,3	3	0,9	2/2
MS5	0	0	0	1	0	0,1	1	0,2	4
Waga	0,4	0,1	0,1	0,1	0,3				
Liczba interakcji	3	1	3	3	3				
Iloczyn wag i interakcji	1,2	0,1	0,3	0,3	0,9				
Ranga	1	5	3/2	3/2	2				
Suma interakcji						26/2			
Suma iloczynów								5,9	

Źródło: opracowanie własne.

Zależności, które występują pomiędzy słabymi stronami i szansami, odpowiadają strategii konkurencyjnej.

Tabela 27. SWOT: Czy zidentyfikowane słabe strony nie pozwolą na wykorzystanie nadarzających się szans? – przykład wypełnienia

Słabe strony/ Szanse	SS1	SS2	SS3	SS4	SS5	Waga	Liczba interakcji	Iloczyn wag i interakcji	Ranga
S1	1	1	1	0	1	0,3	4	1,2	1
S2	0	1	0	0	0	0,1	1	0,1	5
S3	0	1	1	1	0	0,1	3	0,3	4
S4	0	1	1	1	0	0,2	3	0,6	2/2
S5	0	1	1	0	0	0,3	2	0,6	2/2
Waga	0,1	0,3	0,2	0,3	0,1				
Liczba interakcji	1	5	4	2	1				
Iloczyn wag i interakcji	0,1	1,5	0,8	0,6	0,1				
Ranga	4/2	1	2	3	4/2				
Suma interakcji					26/2				
Suma iloczynów					5,9				

Źródło: opracowanie własne.

Tabela 28. TOWS: Czy szanse pozwolą przezwyciężyć słabe strony? – przykład wypełnienia

Szanse/ Słabe strony	S1	S2	S3	S4	S5	Waga	Liczba interakcji	Iloczyn wag i interakcji	Ranga
SS1	0	0	1	1	0	0,1	2	0,2	4
SS2	0	0	1	1	1	0,3	3	0,9	1
SS3	1	0	1	0	1	0,2	3	0,6	2/2
SS4	0	1	1	0	0	0,3	2	0,6	2/2
SS5	1	0	0	0	0	0,1	1	0,1	5
Waga	0,3	0,1	0,1	0,2	0,3				
Liczba interakcji	2	1	4	2	2				
Iloczyn wag i interakcji	0,6	0,1	0,4	0,4	0,6				
Ranga	1/2	5	3/2	3/2	1/2				
Suma interakcji					22/2				
Suma iloczynów					4,5				

Źródło: opracowanie własne.

Zależności, które występują pomiędzy słabymi stronami
i zagrożeniami, odpowiadają strategii defensywnej.

**Tabela 29. SWOT: Czy zidentyfikowane słabe strony wzmocnią siłę
oddziaływań zagrożeń? – przykład wypełnienia**

Słabe strony/ Zagrożenia	SS1	SS2	SS3	SS4	SS5	Waga	Liczba interakcji	Iloczyn wag i interakcji	Ranga
Z1	0	1	1	1	0	0,4	3	1,2	1
Z2	1	1	0	1	1	0,1	4	0,4	4
Z3	0	1	1	1	0	0,1	3	0,3	5
Z4	1	1	0	1	1	0,1	4	0,4	3
Z5	1	1	0	1	0	0,3	3	0,9	2
Waga	0,1	0,3	0,2	0,3	0,1				
Liczba interakcji	3	5	2	5	2				
Iloczyn wag i interakcji	0,3	1,5	0,4	1,5	0,2				
Ranga	4	1/2	3	1/2	5				
Suma interakcji					34/2				
Suma iloczynów					7,1				

Źródło: opracowanie własne.

Tabela 30. TOWS: Czy zagrożenia spotęgują słabe strony? – przykład wypełnienia

Zagrożenia/ Słabe strony	Z1	Z2	Z3	Z4	Z5	Waga	Liczba interakcji	Iloczyn wag i interakcji	Ranga
SS1	0	1	0	1	0	0,1	2	0,2	4/2
SS2	1	1	1	1	1	0,3	5	1,5	1
SS3	0	0	1	0	0	0,2	1	0,2	4/2
SS4	0	1	0	1	1	0,3	3	0,9	2
SS5	0	1	0	1	1	0,1	3	0,3	3
Waga	0,4	0,1	0,1	0,1	0,3				
Liczba interakcji	1	4	2	4	3				
Iloczyn wag i interakcji	0,4	0,4	0,2	0,4	0,9				
Ranga	2/3	2/3	5	2/3	1				
Suma interakcji					28/2				
Suma iloczynów					5,4				

Źródło: opracowanie własne.

3.3.3. ZESTAWIENIE ZBIORCZE WYNIKÓW

Uzyskane wyniki z analizy SWOT TOWS, a więc sumę interakcji i sumę iloczynów ze wszystkich ośmiu tabel krzyżowych, wpisz w poniższą tabelę. Następnie dodaj do siebie wynik analizy SWOT i analizy TOWS, a następnie wpisz go w kolumnie *zestawienie zbiorcze SWOT TOWS*.

Tabela 31. Zestawienie wyników

Kombinacja	Wyniki analizy SWOT		Wyniki analizy TOWS		Zestawienie zbiorcze SWOT TOWS	
	Suma interakcji	Suma iloczynów	Suma interakcji	Suma iloczynów	Suma interakcji	Suma iloczynów
Mocne strony/ Szanse						
Mocne strony/ Zagrożenia						
Słabe strony/ Szanse						
Słabe strony/ Zagrożenia						

Żródło: opracowanie własne.

Zrób to w taki sposób, jak zaprezentowano w poniższym przykładzie. Już teraz, patrząc na to przykładowe zestawienie, jesteś w stanie podać najbardziej adekwatną strategię. Najwyższa suma interakcji i iloczynów wystąpiła przy kombinacji mocnych stron i szans, co odpowiada strategii agresywnej.

Tabela 32. Zestawienie wyników – przykład wypełnienia

Kombinacja	Wyniki analizy SWOT		Wyniki analizy TOWS		Zestawienie zbiorcze SWOT TOWS	
	Suma interakcji	Suma iloczynów	Suma interakcji	Suma iloczynów	Suma interakcji	Suma iloczynów
Mocne strony/ Szanse	40/2	8,3	40/2	8,3	80/2	16,6
Mocne strony/ Zagrożenia	24/2	4,1	26/2	5,9	50/2	10
Słabe strony/ Szanse	26/2	5,9	22/2	4,5	48/2	10,4
Słabe strony/ Zagrożenia	34/2	7,1	28/2	5,4	62/2	12,5

Żródło: opracowanie własne.

Uzyskane wyniki zbiorcze analizy SWOT TOWS wskazują najbardziej pożądany wariant strategii, przy zdefiniowanej konfiguracji czynników wewnętrznych i zewnętrznych oraz ustalonym systemie wag. Żeby to było zupełnie jasne, wpisz uzyskane wyniki do tabeli 33. Najwyższa liczba interakcji (suma interakcji) i ważona liczba interakcji (suma iloczynów) wskażą, jaką strategię powinieneś (powinnaś) wybrać dla swojej firmy, organizacji lub innego analizowanego podmiotu.

Tabela 33. Macierz strategii

	Szanse	Zagrożenia
Mocne strony	Liczba interakcji – .... Ważona liczba interakcji – .... Strategia agresywna (*maxi-maxi*)	Liczba interakcji – .... Ważona liczba interakcji – .... Strategia konserwatywna (*maxi-mini*)
Słabe strony	Liczba interakcji – .... Ważona liczba interakcji – .... Strategia konkurencyjna (*mini-maxi*)	Liczba interakcji – .... Ważona liczba interakcji – .... Strategia defensywna (*mini-mini*)

Źródło: opracowanie własne.

Poniżej znajduje się przykład wypełnienia macierzy strategii. Zauważ, że dane pochodzą z tabeli 32. Wstawiono je w odpowiednie miejsca i dzięki temu wiadomo, jaką strategię należy wybrać dla analizowanego podmiotu.

Tabela 34. Macierz strategii – przykład wypełnienia

	Szanse	Zagrożenia
Mocne strony	Liczba interakcji – 80/2 Ważona liczba interakcji – 16,6 Strategia agresywna (*maxi-maxi*)	Liczba interakcji – 50/2 Ważona liczba interakcji – 10 Strategia konserwatywna (*maxi-mini*)
Słabe strony	Liczba interakcji – 48/2 Ważona liczba interakcji – 10,4 Strategia konkurencyjna (*mini-maxi*)	Liczba interakcji – 62/2 Ważona liczba interakcji – 12,5 Strategia defensywna (*mini-mini*)

Źródło: opracowanie własne.

Wiesz już, jak wskazać strategię najbardziej odpowiednią dla analizowanego podmiotu, zgodnie z metodą SWOT oraz SWOT TOWS. Czasami wyniki nie są jednoznaczne, dlatego przyjrzyj się również temu, co napisano w podrozdziale 3.8. o ocenie wariantów strategii. Jeśli jednak wynik jasno wskazuje, jaką strategię wybrać, to postaraj się ją opisać.

3.4. Strategia agresywna (*MAXI-MAXI*)

W sytuacji kiedy z przeprowadzonej analizy wynika, że przedsiębiorstwo powinno skoncentrować się na mocnych stronach i szansach, wybierz strategię agresywną. Oznacza ona, że firma jest w najkorzystniejszej sytuacji. W jej otoczeniu przeważają szanse, a wewnątrz organizacji mocne strony. Strategia ta polega na maksymalnym wykorzystaniu szans i mocnych stron tak, aby się dynamicznie rozwijać. Atuty firmy, zidentyfikowane w określonych sferach, mogą być zatem spożytkowane, ponieważ otoczenie stwarza ku temu okazje. Należy zwiększać stopień użycia tych atutów w sprzyjających warunkach otoczenia. Kluczem do sukcesu jest silna ekspansja i zdywersyfikowany rozwój.

W ramach strategii agresywnej możesz rozważyć następujące postępowanie:

- **wychwytywanie okazji** – należy szukać szans, sposobności, które pozwolą organizacji na rozwój. Wykorzystaj przy tym mocne strony, którymi dysponujesz. Właśnie dzięki temu, że organizacja jest silna (np. ma duże zasoby finansowe), może skorzystać z wielu okazji, z których nie skorzysta jej konkurencja. Błędnie uważa się, że okazja jest czymś, na co biernie się czeka. Twoja organizacja ma możliwości, a więc poszukaj okazji samodzielnie, dopóki trwa ta korzystana dla ciebie sytuacja;

- **przejmowanie podobnych firm** – konkurencja jest tym, co ci zagraża (za wyjątkiem konieczności posiadania jakiejkolwiek konkurencji, jeśli firmie grozi pozycja monopolisty). Konkurenci mogą produkować takie same produkty jak ty lub ich substytuty, mogą też świadczyć usługi z nimi związane. Jeśli twoja firma ma mocne strony, które to umożliwiają, rozejrzyj się za organizacjami, które potencjalnie mogłyby ci zagrażać, ale są obecnie w słabszej pozycji względem ciebie i możesz to wykorzystać, przejmując taką firmę;
- **koncentracja zasobów na najlepszych produktach** – nie jest tajemnicą, że tylko część produktów, które firma produkuje, zapewnia jej największy zysk. Pozostałe są pod względem zysku jedynie dodatkiem. Już Pareto stwierdził, że jedynie 20% całej działalności zapewnia aż 80% zysku. Jeśli posiadasz produkty, które zapewnią ci znaczącą przewagę konkurencyjną, a przy tym popyt na nie jest wysoki, skoncentruj na nich swoje działania. Będzie to miało ten pozytywny efekt, że produkty mniej ważne nie będą zajmować ci czasu, który mógłbyś (mogłabyś) użyć z większą korzyścią;
- **wzmacnianie pozycji na rynku** – wykorzystaj pozytywną sytuację, w jakiej znajduje się twoja firma do wzmacniania jej pozycji na rynku. Teraz jest na to najlepszy czas, ponieważ pozytywna sytuacja nie trwa wiecznie. Zmienia się otoczenie, zmienia się twoja firma, dlatego nie prześpij swojej okazji, ponieważ konkurencja na pewno wykorzysta każde potknięcie.

Przyjmij strategię konkurencyjną, jeśli w organizacji przeważają słabe strony nad mocnymi, a w otoczeniu dominują szanse. Okazje zewnętrzne są jednak trudne do wykorzystania, ponieważ wiążą się ze słabościami przedsiębiorstwa. Stosowana przez organizację strategia powinna minimalizować słabości w celu wykorzystania okazji zewnętrznych, a więc szans. Należy przeciwdziałać słabościom, próbować je przezwyciężyć. Jest to możliwe do zrobienia, ponieważ otoczenie stwarza stosowne do tego okoliczności.

W ramach strategii konkurencyjnej możesz rozważyć następujące postępowanie:

- **powiększenie posiadanych zasobów** – jeśli słabość firmy dotyczy zasobów finansowych (ale również np. produkcyjnych), należy próbować je uzupełnić, np. poprzez zawarcie umowy kooperacyjnej z inną firmą, stworzenie konsorcjum itp. Pozwoli to wykorzystać szanse, np. związane z otwarciem nowego rynku lub większym zainteresowaniem produktem, niż firma jest mu w stanie sprostać. Wejście w porozumienie oznaczać może również pozbycie się jednego z zagrożeń, o ile partner mógłby stać się konkurentem;

- **ulepszenie produktów** – zastanów się, w jaki sposób możesz skuteczniej sprzedawać swoje produkty, np. może twoje kanały dystrybucji nie pozwalają ci dotrzeć do klienta docelowego lub odbiorcy nie są zainteresowani takim produktem, ponieważ czegoś im brakuje, mają inne wymagania itp.;

- **zwiększenie produktywności** – być może korzystając z zasobów, którymi dysponujesz, jesteś w stanie wyprodukować więcej. Przyjrzyj się całemu procesowi i zastanów się, czy nie można go udoskonalić. Podniesienie wydajności nie pociągnie za sobą zbyt wielkich kosztów, a może być bardzo korzystne w dłuższej perspektywie;

- **redukcja kosztów** – spróbuj zredukować koszty, jakie ponosisz. Pozwoli to na przekucie przynajmniej części słabych stron w mocne i zapewni pewne poczucie komfortu;
- **utrzymanie przewagi konkurencyjnej** – staraj się utrzymać przewagę konkurencyjną, wykorzystując pojawiające się szanse. Będzie to dla ciebie ważne, kiedy uda ci się przezwyciężyć słabe strony. Warto rozważyć zmniejszenie zależności w stosunku do jednego produktu i powiększenie asortymentu.

3.6. Strategia konserwatywna (*maxi-mini*)

W organizacji mocne strony przeważają nad słabościami. Atuty wewnętrzne wiążą się jednak z zewnętrznymi zagrożeniami. Powinno się maksymalizować wykorzystanie własnych atutów i dzięki nim minimalizować zagrożenia zewnętrzne. Sukcesu firmy należy szukać w niej samej, w jej wnętrzu i w jej potencjale. Jednocześnie trzeba unikać zagrożeń, o ile to możliwe lub starać się zmniejszyć siłę ich oddziaływania. Strategia ta jest nazywana konserwatywną z tego względu, że wiąże się z najmniejszym ryzykiem. Wbrew potocznemu rozumieniu nie jest jednak pozbawiona kreatywności.

W ramach strategii konserwatywnej możesz rozważyć następujące postępowanie:

- **przejęcie konkurenta** – w sytuacji silnej wewnętrznie firmy, przy zmniejszającym się popycie, można rozważyć przejęcie lub wykupienie konkurenta i przejęcia jego udziałów na rynku;

- **zmniejszenie kosztów** – przy silnych zagrożeniach zewnętrznych warto redukować ponoszone koszty, aby odpływ gotówki nie osłabił firmy w czasie, kiedy okoliczności zewnętrzne będą wyjątkowo nieprzyjemne;
- **ulepszenie produktu** – być może udoskonalenie produktów, które firma sprzedaje, pozwoli zredukować pewne zagrożenia, przed którymi została lub zostanie postawiona. Zastanów się, jaki jest twój produkt i co zrobić, aby był jeszcze lepszy, jak skutecznie go sprzedawać;
- **rozwijanie nowych produktów** – firma, która dysponuje wewnętrznym potencjałem i chce przeciwdziałać zagrożeniom z zewnątrz, może poszerzyć swój asortyment o nowe produkty lub usługi. Ich wprowadzenie może okazać się sukcesem;
- **poszukiwanie nowych rynków** – korzystając z silnych stron firmy, można zainteresować się nowymi rynkami, aby sprzedawać tam swoje produkty lub usługi. Jest to również związane z rozwijaniem nowych produktów, dla których można poszukać odpowiedniego rynku.

3.7. Strategia defensywna (*MINI-MINI*)

Organizacja działa w niesprzyjającym otoczeniu, a dodatkowo zagrożenia zewnętrzne są wzmacniane przez słabości wewnętrzne firmy. Należy starać się minimalizować słabości i zagrożenia. Jest to bardzo trudne, ponieważ firma nie dysponuje ani mocnymi stronami, ani szansami, które mogłaby tutaj wykorzystać. W wersji optymistycznej strategia defensywna sprowadza się do działalności umożliwiającej przetrwanie firmie lub połączenia z inną organizacją. Natomiast w wersji pesymistycznej do likwidacji organizacji.

W strategii defensywnej możesz rozważyć następujące postępowanie:

- **stopniowe wycofywanie się** – kierownictwo firmy może wziąć pod uwagę stopniowe wycofywanie się z rynku. Chodzi o jak największe zagarnięcie wszelkich możliwych korzyści i zysku przed likwidacją firmy;
- **połączenie z inną firmą** – organizacja może zostać wchłonięta lub połączona z inną firmą, której powodzi się od niej lepiej i w ten sposób przetrwać dzięki pomocy z zewnątrz;
- **redukcja kosztów** – pewne efekty może przynieść również redukcja kosztów. Dzięki niej firma może zyskać więcej czasu i czekać na pojawienie się korzystniejszych okoliczności, lepszej sytuacji na rynku. Może dzięki temu przetrwać najgorszy okres i odbudować się w przyszłości, która stworzy korzystniejsze warunki;
- **zaprzestanie inwestowania** – w tej strategii firma jest zbyt słaba, aby inwestować środki, a więc pozbywać się ich.

3.8. Ocena wariantów strategii

Czasami występuje sytuacja, w której wyniki dla kilku różnych strategii są zbieżne albo występują tylko niewielkie różnice pomiędzy nimi. Nie wiadomo więc, którą ze strategii należy przyjąć. Należy wtedy poddać określone warianty strategii analizie porównawczej. Jeśli nie jesteś przekonany(-a) do wytypowanego przez siebie wariantu, również możesz poddać wszystkie (albo tylko wybrane) warianty ocenie i weryfikacji.

Wpisz jeszcze raz wszystkie wyróżnione mocne i słabe strony, szanse i zagrożenia do tabeli poniżej (patrz: tabela 35). Następnie dokonaj oceny ich ważności od 1 do 4, gdzie:

[dla mocnych i słabych stron]

1 – główne słabe strony;

2 – drugorzędne słabe strony;

3 – drugorzędne mocne strony;

4 – główne mocne strony;

[dla szans i zagrożeń]

1 – główne zagrożenia;

2 – drugorzędne zagrożenia;

3 – drugorzędne szanse;

4 – główne szanse.

W główce tabeli wpisz kolejne warianty strategii, które chcesz porównać. Oceny dokonuje się tylko wtedy, kiedy konkretny czynnik oddziałuje na wybór strategii:

1 – strategia nie jest akceptowana;

2 – strategia jest możliwa do przyjęcia;

3 – strategia jest prawdopodobnie akceptowana;

4 – strategia jest akceptowana.

Atrakcyjność strategii jest iloczynem oceny ważności czynnika i oceny strategii. Suma cząstkowych atrakcyjności strategii pozwala określić, w jakim stopniu są one odpowiednie i pożądane (tzn. im jest wyższa, tym lepiej).

Tabela 35. Ocena wariantów strategii

Czynnik	Ocena czynnika	Warianty strategii			
		Strategia 1		Strategia ...	
		Ocena	Atrakcyjność	Ocena	Atrakcyjność
I. Mocne strony					
1.1. Mocna strona 1					
1.2. Mocna strona 2					
1.3. Mocna strona 3					
1.4. Mocna strona ...					
II. Słabe strony					
2.1. Słaba strona 1					
2.2. Słaba strona 2					

Czynnik	Ocena czynnika	Warianty strategii			
		Strategia 1		Strategia ...	
		Ocena	Atrakcyjność	Ocena	Atrakcyjność
2.3. Słaba strona 3					
2.4. Słaba strona ...					
III. Szanse					
3.1. Szansa 1					
3.2. Szansa 2					
3.3. Szansa 3					
3.4. Szansa ...					
IV. Zagrożenia					
4.1. Zagrożenie 1					
4.2. Zagrożenie 2					
4.3. Zagrożenie 3					
4.4. Zagrożenie ...					

Źródło: opracowanie własne.

Przykład wypełnionej tabeli zamieszczono poniżej. Dotyczy on sytuacji, w której podobny wynik z analizy SWOT TOWS uzyskano dla dwóch wariantów strategii: agresywnej i konserwatywnej. W celu określenia, którą z nich przyjąć, posłużono się oceną wariantów strategii. Okazało się, że bardziej korzystne dla firmy będzie przyjęcie strategii konserwatywnej, która uzyskała wyższą ocenę łączną.

Tabela 36. Ocena wariantów strategii – przykład wypełnienia

Czynnik	Ocena czynnika	Warianty strategii			
		Strategia agresywna		Strategia konserwatywna	
		Ocena	Atrakcyjność	Ocena	Atrakcyjność
I. Mocne strony					
1.1. Atrakcyjna lokalizacja	4	4	16	4	16
1.2. Własny lokal	4	4	16	4	16
1.3. Powiązanie gabinetu stomatologicznego z pracownią protetyczną	3	4	12	4	12
1.4. Wiele usług świadczonych w jednym miejscu	3	4	12	4	12
1.5. Wysoka jakość usług	4	4	16	4	16
1.6. Kontrakt z NFZ	3	3	9	3	9

Czynnik	Ocena czynnika	Warianty strategii			
		Strategia agresywna		Strategia konserwatywna	
		Ocena	Atrakcyjność	Ocena	Atrakcyjność
1.7. System komunikacji z klientem	3	3	9	3	9
1.8. Zaangażowany personel	4	4	16	4	16
1.9. Doświadczenie oraz kwalifikacje właściciela	4	4	16	4	16
1.10. Baza stałych klientów	4	4	16	4	16
II. Słabe strony					
2.1. Ograniczony metraż	1	2	2	4	4
2.2. Wysokie ceny	2	2	4	3	6
2.3. Niedostateczny czas poświęcany pacjentom	2	3	6	2	4
2.4. Wygląd lokalu z zewnętrz	2	2	4	3	6
2.5. Przestarzała strona internetowa	2	2	4	3	6
2.6. Marketing internetowy	1	1	1	3	3
III. Szanse					
3.1. Aglomeracja warszawska	4	4	16	3	12
3.2. Rozszerzenie współpracy z przedszkolami	3	3	9	3	9
3.3. Program 500+	4	3	12	3	12
3.4. Dbałość o wygląd	4	4	16	3	12
3.5. Stałe zapotrzebowanie	4	4	16	4	16
3.6. Starzejące się społeczeństwo	3	3	9	3	9
3.7. Możliwość rozszerzenia działalności	4	4	16	2	8
IV. Zagrożenia					
4.1. Konkurencja obecnie istniejąca	1	3	3	4	4
4.2. Konkurencja potencjalna	2	3	6	4	8
4.3. Nowy konkurent	1	3	3	4	4
4.4. Pojawienie się na rynku firm oferujących podobne usługi (substytuty)	2	2	4	4	8
4.5. Zmiany w prawie	2	1	2	4	8
4.6. Spadek zainteresowania klientów usługami firmy	2	2	4	3	6
4.7. Ryzyko migracji lekarzy specjalistów	1	1	1	3	3
4.8. Spadek wyników finansowych	2	1	2	3	6
Ocena łączna	-	-	278	-	292

Źródło: opracowanie własne.

ROZDZIAŁ 4

WZORY I PRZYKŁADY

Po pierwsze, miej zdefiniowany, jasno określony cel (ideał, zadanie). Po drugie, zdobądź potrzebne zasoby by do niego dojść: wiedzę, pieniądze, materiały, metody. Po trzecie, skieruj wszystkie te zasoby na osiągnięcie celu

Arystoteles

4.1. WZÓR ANALIZY SWOT

WPROWADZENIE

Zastosowana koncepcja badań polegała na określeniu misji i celów firmy ...., a także wyznaczeniu dla niej strategii rozwoju. Analizie poddano otoczenie bliższe i dalsze przedsiębiorstwa. Kolejnym etapem była analiza SWOT, obejmująca bieżącą sytuację firmy oraz prognozę dotyczącą przyszłości.

W analizie jako punkt odniesienia przyjęto hipotetyczne, idealne przedsiębiorstwo, do którego przeprowadzono analizę porównawczą, wskazując silne i słabe strony prowadzonej firmy i określając szanse oraz zagrożenia, pojawiające się w branży.

A. Historia

Firma .... ma długoletnie tradycje, istnieje od
.... Zaczynała jako przedsiębiorstwo zajmujące się
.... W roku .... zmieniliśmy charakter
działalności, oferując .... Firma zdobyła wiele na-
gród: .... Siedzibą firmy jest miasto ....

B. Forma prawna

Firma jest .... Działa na podstawie ....
Została zorganizowana w sposób .... W skład jej za-
rządu wchodzą ....

C. Przedmiot działalności

Przedmiotem działalności firmy jest ....
Świadczymy usługi z zakresu ....

Misja i cele firmy

A. Misja firmy

....

B. Cele firmy

....

....

....

A. Ocena czynników

Sporządzono listę mocnych i słabych stron firmy ....,
a także szans i zagrożeń, występujących w jej otoczeniu zewnętrznym. Wpisano je w poniższą tabelę.

Tabela 1. Lista wszystkich czynników

Mocne strony:	Słabe strony:
▪ .... ▪ .... ▪ .... ▪ .... ▪	▪ .... ▪ .... ▪ .... ▪ .... ▪ ....
Szanse:	Zagrożenia:
▪ .... ▪ .... ▪ .... ▪ .... ▪	▪ .... ▪ .... ▪ .... ▪ .... ▪ ....

Źródło: opracowanie własne.

Zdecydowano, że do dalszej analizy przejdą tylko najważniejsze czynniki. Posłużą one za podstawę wyznaczenia ogólnej strategii firmy. Każdy z czynników został oceniony. Wzięte zostały pod uwagę: wycena siły oddziaływania i nadana ranga. Wytypowano po pięć najistotniejszych mocnych i słabych stron, szans i zagrożeń, które przeszły do dalszej analizy. Na nich będzie budowana strategia firmy.

Tabela 2. Ocena mocnych i słabych stron

Lp.	Mocne/Słabe strony	Wycena czynnika jako strony				Ranga czynnika			Ocena łączna
		słabej		mocnej		1	2	3	
		-2	-1	+1	+2				
1.									
2.									
3.									
4.									
5.									
...									

Źródło: opracowanie własne.

Tabela 3. Ocena szans i zagrożeń

Lp.	Szansa/Zagrożenie	Wycena wpływu czynników otoczenia			
		-2	-1	+1	+2
1.					
2.					
3.					
4.					
5.					
...					

Źródło: opracowanie własne.

B. Mocne strony

.... *[nazwa czynnika i opis]*

....

....

C. Słabe strony

....

....

....

D. Szanse

....

....

....

E. Zagrożenia

....

....

....

F. Diagram analizy SWOT

Tabela 4. Diagram analizy SWOT

	POZYTYWNE	NEGATYWNE
WEWNĘTRZNE	Mocne strony:	Słabe strony: ....
ZEWNĘTRZNE	Szanse:	Zagrożenia: ....

Źródło: opracowanie własne.

OCENA POZYCJI STRATEGICZNEJ

Po określeniu mocnych i słabych stron, szans i zagrożeń, przeprowadzono analizę, która pozwoliła ustalić, jak wykorzystać mocne strony do zrealizowania nadarzających się szans oraz jak wykorzystać szanse, aby zagrożenia nie osłabiły pozycji firmy. Występujące zależności są widoczne w tabeli 5.

Tabela 5. Wykrycie zależności

			Otoczenie									
			Szanse					Zagrożenia				
			1. ...	2. ...	3. ...	4. ...	5. ...	1. ...	2. ...	3. ...	4. ...	5. ...
Firma	Mocne strony	1. ...										
		2. ...										
		3. ...										
		4. ...										
		5. ...										
	Słabe strony	1. ...										
		2. ...										
		3. ...										
		4. ...										
		5. ...										

Źródło: opracowanie własne.

Oszacowano liczbę występujących interakcji dla każdego z wariantów strategii. Wyniki prezentuje tabela 6.

Tabela 6. Określenie pozycji strategicznej

	Szanse	Zagrożenia
Mocne strony	Liczba interakcji – .... Strategia agresywna (*maxi-maxi*)	Liczba interakcji – .... Strategia konserwatywna (*maxi-mini*)
Słabe strony	Liczba interakcji – .... Strategia konkurencyjna (*mini-maxi*)	Liczba interakcji – .... Strategia defensywna (*mini-mini*)

Źródło: opracowanie własne.

Wybór strategii

Z zaprezentowanego w poprzednim rozdziale zestawienia wynika, że firma .... powinna przyjąć strategię agresywną/konserwatywną/konkurencyjną/defensywną, a więc ma przewagę mocnych/słabych stron nad mocnymi/słabymi, przy sprzyjającym/niesprzyjającym układzie uwarunkowań zewnętrznych w postaci ....

Strategia agresywna/konserwatywna/konkurencyjna/defensywna polega przede wszystkim na .... Jest to

strategia .... Składa się ona z następujących działań:
....

Strategia przedsiębiorstwa powinna więc zmierzać do wykorzystania .... i poprawienia ....

Rozwiązaniem możliwym do wykorzystania jest .... Istotne przy tym będzie .... Działania firmy skoncentrują się na ....

Przyjęta strategia jest zgodna z celami firmy, do których należą .... Dzięki niej będzie można ....

4.2. Wzór analizy SWOT TOWS

Poniżej znajduje się wzór analizy SWOT TOWS. Od *wprowadzenia* do *oceny pozycji strategicznej* analiza SWOT TOWS nie różni się niczym od analizy SWOT, którą czytałeś(-aś) w poprzednim podrozdziale 4.1. Różnice dotyczą jedynie oceny pozycji strategicznej. Dlatego od tego zacznę.

Ocena pozycji strategicznej

Kolejnym krokiem, po wybraniu i opisaniu czynników wpływających na działalność firmy ...., jest określenie jej pozycji strategicznej. W tym celu ustalono wagi cech, przeanalizowano występujące zależności i zaprezentowano je w formie zestawień zbiorczych, na podstawie których wskazana została strategia dalszego postępowania.

A. Ustalenie wag

Jak było powiedziane wcześniej, do dalszej analizy przeszło po pięć mocnych i słabych stron, a także szans i zagrożeń, które uzyskały najwyższą ocenę punktową. Zamierza się właśnie na nich zbudować spójną strategię firmy. Występujące pomiędzy cechami zależności pozwolą na wyznaczenie kierunku rozwoju. Ustalając wagi wzięta pod uwagę została misja, wizja i cele firmy ....

Tabela 5. Ustalenie wag

Mocne strony	Waga	Słabe strony	Waga
Mocna strona 1		Słaba strona 1	
Mocna strona 2		Słaba strona 2	
Mocna strona 3		Słaba strona 3	
Mocna strona 4		Słaba strona 4	
Mocna strona		Słaba strona	
	1,0		1,0
Szanse	Waga	Zagrożenia	Waga
Szansa 1		Zagrożenie 1	
Szansa 2		Zagrożenie 2	
Szansa 3		Zagrożenie 3	
Szansa 4		Zagrożenie 4	
Szansa		Zagrożenie	
	1,0		1,0

Źródło: opracowanie własne.

B. Analiza zależności

Po określeniu mocnych i słabych stron, a także szans i zagrożeń, przebadano występujące zależności. Ustalono, w jaki sposób wykorzystać mocne strony do zrealizowania nadarzających się szans oraz jak wykorzystać szanse, aby zagrożenia nie osłabiły pozycji firmy. Dokonana analiza pozwoliła na określenie obecnej pozycji firmy na rynku. Dla wszystkich z wyróżnionych wyżej czynników zadano cztery pytania analizy SWOT i cztery pytania analizy TOWS, które brzmią następująco:

1. Czy zidentyfikowane mocne strony pozwolą wykorzystać nadarzające się szanse?
2. Czy zidentyfikowane mocne strony pozwolą przezwyciężyć zagrożenia?
3. Czy zidentyfikowane słabe strony nie pozwolą na wykorzystanie nadarzających się szans?
4. Czy zidentyfikowane słabe strony wzmocnią siłę oddziaływania zagrożeń?
5. Czy szanse spotęgują mocne strony?
6. Czy zagrożenia osłabią mocne strony?
7. Czy szanse pozwolą przezwyciężyć słabe strony?
8. Czy zagrożenia spotęgują słabe strony?

Gdy odpowiedź brzmiała „tak", wstawiono „1" w odpowiednie pole w tabelach poniżej. Jeśli zaś „nie", wstawiano „0". Analiza SWOT polega na wyjściu od mocnych i słabych stron, aby następnie je skonfrontować z występującymi w otoczeniu szansami i zagrożeniami. W analizę TOWS z kolei najpierw rozpatruje się szansy i zagrożenia w otoczeniu organizacji, żeby je później skonfrontować z własnymi predyspozycjami do wykorzystania tych szans i przezwyciężenia zagrożeń.

Tabela 6. SWOT: Czy zidentyfikowane mocne strony pozwolą wykorzystać nadarzające się szanse?

Mocne strony/ Szanse	MS1	MS2	MS3	MS4	MS5	Waga	Liczba interakcji	Iloczyn wag i interakcji	Ranga
S1									
S2									
S3									
S4									
S5									
Waga									
Liczba interakcji									
Iloczyn wag i interakcji									
Ranga									
Suma interakcji									
Suma iloczynów									

Źródło: opracowanie własne.

Tabela 7. TOWS: Czy szanse spotęgują mocne strony?

Szanse/ Mocne strony	S1	S2	S3	S4	S5	Waga	Liczba interakcji	Iloczyn wag i interakcji	Ranga
MS1									
MS2									
MS3									
MS4									
MS5									
Waga									
Liczba interakcji									
Iloczyn wag i interakcji									
Ranga									
Suma interakcji									
Suma iloczynów									

Źródło: opracowanie własne.

Jak widać na podstawie tabel 6 i 7, zestawiających mocne strony i szanse, ... mocne strony pozwolą na wykorzystanie wszystkich nadarzających się szans. Tylko o jedną szansę mniej pozwoli wykorzystać ....

Tabela 8. SWOT: Czy zidentyfikowane mocne strony pozwolą przezwyciężyć zagrożenia?

Mocne strony/ Zagrożenia	MS1	MS2	MS3	MS4	MS5	Waga	Liczba interakcji	Iloczyn wag i interakcji	Ranga
Z1									
Z2									
Z3									
Z4									
Z5									
Waga									
Liczba interakcji									
Iloczyn wag i interakcji									
Ranga									
Suma interakcji									
Suma iloczynów									

Źródło: opracowanie własne.

Tabela 9. TOWS: Czy zagrożenia osłabią mocne strony?

Zagrożenia/ Mocne strony	Z1	Z2	Z3	Z4	Z5	Waga	Liczba interakcji	Iloczyn wag i interakcji	Ranga
MS1									
MS2									
MS3									
MS4									
MS5									
Waga									
Liczba interakcji									
Iloczyn wag i interakcji									
Ranga									
Suma interakcji									
Suma iloczynów									

Źródło: opracowanie własne.

Tabele 8 i 9 zestawiają mocne strony i zagrożenia. Mocną stroną, która pozwoli przezwyciężyć największą ilość zagrożeń jest ....

Tabela 10. SWOT: Czy zidentyfikowane słabe strony nie pozwolą na wykorzystanie nadarzających się szans?

Słabe strony/ Szanse	SS1	SS2	SS3	SS4	SS5	Waga	Liczba interakcji	Iloczyn wag i interakcji	Ranga
S1									
S2									
S3									
S4									
S5									
Waga									
Liczba interakcji									
Iloczyn wag i interakcji									
Ranga									
Suma interakcji									
Suma iloczynów									

Źródło: opracowanie własne.

Tabela 11. TOWS: Czy szanse pozwolą przezwyciężyć słabe strony?

Szanse/ Słabe strony	S1	S2	S3	S4	S5	Waga	Liczba interakcji	Iloczyn wag i interakcji	Ranga
SS1									
SS2									
SS3									
SS4									
SS5									
Waga									
Liczba interakcji									
Iloczyn wag i interakcji									
Ranga									
Suma interakcji									
Suma iloczynów									

Źródło: opracowanie własne.

Przechodząc od analizy mocnych do słabych stron, połączenie zależności słabych stron i szans umieszczono w tabelach 10 i 11. Tylko jedna słaba strona nie będzie pozwalała na wykorzystanie ....

Tabela 12. SWOT: Czy zidentyfikowane słabe strony wzmocnią siłę oddziaływania zagrożeń?

Słabe strony/ Zagrożenia	SS1	SS2	SS3	SS4	SS5	Waga	Liczba interakcji	Iloczyn wag i interakcji	Ranga
Z1									
Z2									
Z3									
Z4									
Z5									
Waga									
Liczba interakcji									
Iloczyn wag i interakcji									
Ranga									
Suma interakcji									
Suma iloczynów									

Źródło: opracowanie własne.

Tabela 13. TOWS: Czy zagrożenia spotęgują słabe strony?

Zagrożenia/ Słabe strony	Z1	Z2	Z3	Z4	Z5	Waga	Liczba interakcji	Iloczyn wag i interakcji	Ranga
SS1									
SS2									
SS3									
SS4									
SS5									
Waga									
Liczba interakcji									
Iloczyn wag i interakcji									
Ranga									
Suma interakcji									
Suma iloczynów									

Źródło: opracowanie własne.

Jeśli odnieść słabe strony do zagrożeń, to widać, że aż dwie z nich wzmocnią siłę oddziaływania wszystkich zagrożeń. Są nimi: .... Najpoważniejszymi zagrożeniami, biorąc pod uwagę ich stosunek do słabych stron, są: ....

C. Zbiorcze zestawienie uzyskanych wyników

Uzyskane wyniki z analizy SWOT TOWS prezentuje poniższe zestawienie. Najwyższa suma interakcji oraz najwyższa suma iloczynów została stwierdzona przy kombinacji .... i .... Oznacza to, że firma .... powinna przyjąć strategię .... Polega ona na wykorzystywaniu ....

Tabela 14. Zestawienie wyników

Kombinacja	Wyniki analizy SWOT		Wyniki analizy TOWS		Zestawienie zbiorcze SWOT TOWS	
	Suma interakcji	Suma iloczynów	Suma interakcji	Suma iloczynów	Suma interakcji	Suma iloczynów
Mocne strony/ Szanse						
Mocne strony/ Zagrożenia						
Słabe strony/ Szanse						
Słabe strony/ Zagrożenia						

Źródło: opracowanie własne.

Tabela 15. Określenie pozycji strategicznej

	Szanse	Zagrożenia
Mocne strony	Liczba interakcji – .... Ważona liczba interakcji – .... Strategia agresywna (*maxi-maxi*)	Liczba interakcji – .... Ważona liczba interakcji – .... Strategia konserwatywna (*maxi-mini*)
Słabe strony	Liczba interakcji – .... Ważona liczba interakcji – .... Strategia konkurencyjna (*mini-maxi*)	Liczba interakcji – .... Ważona liczba interakcji – .... Strategia defensywna (*mini-mini*)

Źródło: opracowanie własne.

Wybór strategii

Z zaprezentowanego w poprzednim rozdziale zestawienia wynika, że firma .... powinna przyjąć strategię agresywną/konserwatywną/konkurencyjną/defensywną, a więc ma przewagę mocnych/słabych stron nad mocnymi/słabymi, przy sprzyjającym/niesprzyjającym układzie warunków zewnętrznych. Oznacza to, że ....

4.3. ANALIZA SWOT – PRZYKŁADY

Poniżej zamieszczono przykłady trzech analiz SWOT. Stopień ich szczegółowości zależy od indywidualnych wymagań. Najkrótsze analizy mieszczą się już na kilku stronach, a najdłuższe potrafią zająć ich kilkadziesiąt i więcej.

4.3.1. ANALIZA SWOT FUNDACJI

OPIS FUNDACJI

Fundacja „RATUNEK" rozpoczęła działalność w 2007 r. w Poznaniu. Początkowo działała jako oddział większej organizacji dobroczynnej o nazwie „Stowarzyszenie Bezdomni Bracia Mniejsi", zajmującej się pomocą bezdomnym zwierzętom. Problem okazał się jednak na tyle poważny, że w 2010 r. założycielki fundacji podjęły decyzję o pracy na własny rachunek. Fundacja zajęła jedno, duże pomieszczenie, w którym znajdywało się blisko 60 miejsc dla zwierząt. Wraz z upływem czasu lokal przestał wystarczać na jej potrzeby i konieczne stało się znalezienie czegoś o większej powierzchni. Założycielki nie poddały się i wynegocjowały od Urzędu Miasta lokal o powierzchni blisko 70 m². Trzeba jednak zainwestować w niego pieniądze, którymi fundacja dysponuje w ograniczonej ilości. Zasadne więc wydaje się pytanie o przyszłość tego przedsięwzięcia.

Problemem fundacji jest brak spójnej strategii rozwoju. W celu wyznaczenia jej kierunku, posłużono się analizą SWOT. Analiza ta pozwala na zdiagnozowanie kondycji wewnętrznej przedsiębiorstwa oraz szans i zagrożeń, płynących z jego otoczenia. Analiza SWOT jest metodą analizy strategicznej organizacji. Powstała w latach 50-tych XX w. na podstawie koncepcji analizy pola siły K. Lewina. Obejmuje diagnozę sytuacji organizacji w czterech obszarach: mocne strony (*Strengths*), słabe strony (*Weaknesses*), szanse (*Opportunities*) i zagrożenia (*Threats*) (Gierszewska, Romanowska 2017: 189-191). W analizie tej nie jest konieczne wyodrębnianie wszystkich czynników, lecz tylko tych, które mogą mieć decydujący wpływ na fundację tak, aby była w stanie dalej skutecznie pomagać.

Identyfikacja czynników

Lista czynników

Sporządzona została lista mocnych i słabych stron fundacji oraz szans i zagrożeń, występujących w jej otoczeniu. Następnie wpisano je w poniższą macierz. Według definicji mocne strony są wszystkim, co dana firma posiada i robi, a co jest w stanie zapewnić jej sukces. Słabe strony to braki, coś czego firma nie robi i nie posiada, coś co stoi na drodze do jej sukcesu. Szansami są sprzyjające okoliczności, które można wykorzystać do osiągnięcia dobrych wyników z działalności. Zagrożenia natomiast to takie zmiany otoczenia, które mogą negatywnie na nią wpłynąć (Lake 2005: 97-98).

Tabela 1. Macierz SWOT

Mocne strony:	**Słabe strony:**
<ul><li>atrakcyjny dla darczyńców przedmiot działalności (pomoc zwierzętom w znalezieniu nowych domów)</li><li>długi okres działania</li><li>opieka weterynaryjna na najwyższym poziomie, dopasowana do gatunku</li><li>pomoc wielu gatunkom zwierząt</li><li>kontakty zagraniczne</li></ul>	<ul><li>konieczność remontu lokalu</li><li>niepewne finansowanie (fundacja utrzymuje się z prywatnych darowizn, a część kosztów pokrywana jest z prywatnych pieniędzy założycielek organizacji)</li><li>emocjonalny charakter działalności</li></ul>

• komplementarne kompetencje założycielek • duża liczba wolontariuszy (12 wolontariuszy stacjonarnych i 3 wolontariuszy zdalnych) • doświadczenie w organizowaniu imprez • lokal z niskim czynszem	• wolontariusze o nieodpowiednich kwalifikacjach • niewielki lokal przy stale rosnącej liczbie zwierząt • nieumiejętność zarządzania zespołem przez Prezes Fundacji Annę (wprowadza złą atmosferę w miejscu pracy)
Szanse: • stałe zapotrzebowanie na ten rodzaj działalności • edukacja młodzieży • coroczne spotkania miłośników zwierząt • szerokie możliwości prowadzenia akcji marketingowych • pozyskanie dotacji ze środków publicznych	**Zagrożenia:** • groźba utraty lokalu, cofnięcie decyzji przez Urząd Miasta • rosnąca liczba zwierząt pod opieką fundacji • możliwość zmiany zarządu • wzrost cen (czynsz, karma dla zwierząt itp.) • trudności z pozyskaniem do pomocy wolontariuszy o odpowiednich kwalifikacjach

Źródło: opracowanie własne.

ANALIZA ZALEŻNOŚCI

Po określeniu i zdefiniowaniu mocnych, słabych stron, szans oraz zagrożeń, przebadano występujące pomiędzy nimi zależności. Wykonana analiza pozwoliła na wyznaczenie obecnej pozycji strategicznej fundacji „RATUNEK" oraz ustalenie, które z mocnych stron pozwolą wykorzystać nadarzające się szanse, aby zagrożenia nie osłabiły jej pozycji. Dla wszystkich wyróżnionych czynników zadano cztery pytania składające się na analizę SWOT (Filipczuk 2008: 154):

1. Czy mocne strony pozwolą wykorzystać szanse?
2. Czy mocne strony pozwolą uniknąć zagrożeń?
3. Czy słabe strony przeszkodzą w wykorzystaniu szans?
4. Czy słabe strony nie pozwolą uniknąć zagrożeń?

Kiedy odpowiedź na pytanie brzmiała „tak", wstawiono w poniższej tabeli „1". Jeśli zaś „nie", wstawiano „0". W analizie

SWOT wychodzi się od mocnych i słabych stron przedsiębiorstwa, aby następnie skonfrontować je z szansami i zagrożeniami obecnymi w jego otoczeniu (Żabińska 2000: 49).

Tabela 2. Wykrycie zależności

			Otoczenie									
			Szanse					Zagrożenia				
			1	2	3	4	5	1	2	3	4	5
Firma	Mocne strony	1	1	1	1	1	1	1	0	0	1	0
		2	1	0	1	0	0	1	0	1	0	0
		3	1	1	1	1	1	0	0	0	0	1
		4	1	0	1	1	1	0	0	0	0	0
		5	1	1	1	1	0	0	1	0	0	1
		6	1	1	1	0	1	0	0	1	0	0
		7	1	1	1	1	0	0	1	0	0	1
		8	0	0	1	1	0	0	0	0	0	0
		9	1	0	0	0	0	1	1	0	0	0
	Słabe strony	1	1	0	0	0	0	1	1	0	1	0
		2	1	0	1	0	1	1	1	0	1	0
		3	0	0	0	0	0	0	0	0	0	1
		4	1	1	1	1	0	0	0	0	0	1
		5	1	0	0	0	0	1	1	0	0	0
		6	0	1	1	0	0	0	0	0	0	1

Źródło: opracowanie własne.

Zliczenie interakcji

Następnie zliczono występujące interakcje (patrz: tabela 3). Najwyższa liczba interakcji została stwierdzona w polu strategii agresywnej. Pozostałe strategie uzyskały niższą ilość interakcji. Oznacza to, że przedsiębiorstwo znalazło się w sytuacji, kiedy powinno skoncentrować się na swoich mocnych stronach w celu wykorzystywania szans, które pojawiają się w otoczeniu zewnętrznym.

Tabela 3. Określenie pozycji strategicznej

	Szanse	Zagrożenia
Mocne strony	Liczba interakcji – 31 Strategia agresywna (*maxi-maxi*)	Liczba interakcji – 12 Strategia konserwatywna (*maxi-mini*)
Słabe strony	Liczba interakcji – 11 Strategia konkurencyjna (*mini-maxi*)	Liczba interakcji – 11 Strategia defensywna (*mini-mini*)

Źródło: opracowanie własne.

WYBÓR STRATEGII

Z oceny pozycji strategicznej wynika, że fundacja „RATU-NEK" znajduje się w polu strategii agresywnej. Definiuje się ją w ten sposób: „strategia agresywna (*maxi-maxi*) polega na maksymalnym wykorzystaniu efekty synergii występującego między silnymi stronami organizacji i szansami generowanymi przez otoczenie. Jest to strategia silnej ekspansji i zdywersyfikowanego rozwoju; do jej specyficznych działań można zaliczyć: aktywne wykorzystywanie pojawiających się szans, wzmacnianie pozycji na rynku, przejmowanie organizacji o tym samym profilu, koncentracje zasobów na konkurencyjnych produktach" (Obłój 2007: 337-338). W praktyce zaś oznacza oparcie się na mocnych stronach firmy i szansach występujących w jej otoczeniu. Strategia agresywna jest najbardziej optymistycznym wariantem występującym w analizie SWOT. Wszystko to nie oznacza jednak, że fundacja może zapomnieć o swoich słabych stronach i konieczności przeciwdziałania zagrożeniom.

Do mocnych stron fundacji, pozwalających wykorzystać nadarzające się szanse, należą: atrakcyjny dla darczyńców przedmiot działalności (pomoc zwierzętom w znalezieniu nowych domów); długi okres działania; opieka weterynaryjna na najwyższym poziomie, dopasowana do gatunku; pomoc wielu gatunkom zwierząt; kontakty zagraniczne; komplementarne kompetencje założycielek; duża liczba wolontariuszy (12 wolontariuszy stacjonarnych i 3 wolontariuszy zdalnych); doświadczenie w organizowaniu imprez; lokal z niskim czynszem. Z kolei w otoczeniu obecne są następujące szanse: stałe zapotrzebowanie na ten rodzaj działalności; edukacja młodzieży; coroczne spotkanie miłośników zwierząt; szerokie możliwości prowadzenia akcji marketingowych; pozyskanie dotacji ze środków publicznych.

Najwięcej szans pozwalają wykorzystać dwie mocne strony fundacji, tzn. atrakcyjny dla darczyńców przedmiot działalności (pomoc zwierzętom w znalezieniu nowych domów) i opieka weterynaryjna na najwyższym poziomie, dopasowana do gatunku. Wynika to z tego, iż trudno jest znaleźć osobę, która byłaby zupełnie niewrażliwa na krzywdę zwierząt. Ponadto ludzie chcą być utożsamiani z przedsięwzięciami służącymi ich ochronie, a więc chętniej przekazują pieniądze na cele mające służyć ich interesom, jak w tym przypadku znalezienia nowego domu. Bardzo mocną stroną fundacji jest wysoka jakość opieki weterynaryjnej. Jest to coś, co nie tylko skutecznie pomaga zwierzętom, ale też przyciąga do fundacji nowe kadry, chcące wziąć udział w praktykach i wolontariacie, a przy okazji nauczyć się czegoś pożytecznego od specjalistów w danej dziedzinie. Dzielimy się posiadaną wiedzą na dorocznym spotkaniu miłośników zwierząt.

Poważną słabą stronę fundacji „RATUNEK" stanowi kwestia finansowania. Obecnie odbywa się ono wyłącznie z prywatnych darowizn i środków własnych właścicielek. Należy rozwinąć dostępne źródła finansowania. Jak wiadomo organizacje pozarządowe w Polsce mogą pozyskiwać środki na swoje działania z różnych źródeł, takich jak: składki członkowskie (tylko stowarzyszenia), darowizny od osób fizycznych i firm, zbiórki publiczne, z 1% podatku, ze sprzedaży towarów lub usług oraz z dotacji. Dotacje są przekazywane na rzecz realizacji konkretnego projektu i mogą pochodzić ze środków prywatnych lub środków publicznych. Dotacja to środki z budżetu państwa, budżetu jednostek samorządu terytorialnego oraz z państwowych funduszy celowych, a przeznaczane na dofinansowanie różnego rodzaju zadań. Mówi się o trzech rodzajach dotacji: celowej, podmiotowej i przedmiotowej. Organizacje pozarządowe najczęściej korzystają z dotacji celowych (*Dotacje ze środków publicznych*, dostęp: 10.01.2024).

Inny nierozwiązany do tej pory problem, to sprawa relacji interpersonalnych, występujących w organizacji. Prezes Anna nie ukrywa, że niezbyt dobrze dogaduje się ze swoimi ludźmi. Jednak brak empatii we wzajemnych relacjach, nie zwalnia jej z obowiązku sprawnego zarządzania zespołem pracowników i motywowania ich do pracy. Są to umiejętności, które można wyuczyć poprzez udział w odpowiednich szkoleniach. Konieczne jest także lepsze przygotowanie emocjonalne wolontariuszy i w miarę możliwości odsuwanie od najbardziej drastycznych przypadków te osoby, które są najwrażliwsze. W sytuacji niedoboru pracowników, każda para rąk jest bardzo ważna, jednak posiadanymi zasobami kadrowymi trzeba gospodarować rozsądnie i przyporządkować zarządzanych ludzi według ich predyspozycji do odpowiednich zadań. Kwestia lokalu wydaje się na dzień dzisiejszy sprawą rozwiązaną, jednak założycielki muszą mieć na uwadze, że liczba zwierząt, którymi będą musiały się zajmować będzie rosła w przyszłości i konieczne stanie się znalezienie nowej przestrzeni. Dlatego też należy zachować w tym względzie daleko idącą czujność i wychwytywać wszelkie okazje. Obiecujący kierunek rozwoju stanowią kontakty zagraniczne fundacji. Już dzisiaj prowadzona jest współpraca międzynarodowa na dużą skalę. Należy ją pielęgnować i pogłębiać, ponieważ stwarza to możliwości, którymi nie mogą pochwalić się inne organizacje pozarządowe.

4.3.2. Analiza SWOT Zespołu Szkół Niepublicznych

Ogólna charakterystyka

Prywatne Szkoły im. Cecylii Plater-Zyberkówny są prowadzone przez Towarzystwo Oświatowe im. Cecylii Plater-Zyberkówny. W ich skład wchodzą: Szkoła Podstawowa żeńska – Platerki, Szkoła Podstawowa męska – Zyberki, Liceum Ogólnokształcące koedukacyjne. Szkoły zapewniają swoim wychowankom wysoki poziom nauczania, poszanowanie tradycji i nowoczesne metody kształcenia (*Poznajmy się*, dostęp: 10.01.2024). Mogą pochwalić się długoletnią tradycją. Pierwsza szkoła żeńska została założona przez hrabiankę Cecylię Plater-Zyberkównę w 1883 r. Po jej śmierci w 1920 r. szkoła stała się własnością jej współpracowniczek, które założyły Towarzystwo Oświatowe im. Cecylii Plater-Zyberkówny i kontynuowały jej dzieło. W 1950 r. władze komunistyczne zdelegalizowały Towarzystwo, a jego majątek przekazały na rzecz Skarbu Państwa. Dopiero w 1990 r. uchylono tę decyzję i oddano szkole zabrane wcześniej budynki. Wymagały one gruntownego remontu, który został przeprowadzony. Dopiero w 1993 r. została ponownie otwarta Szkoła Podstawowa im. Cecylii Plater-Zyberkówny. Po pięciu latach uruchomiono Liceum, a później Gimnazjum. Od września 2014 r. w szkole mogą uczyć się chłopcy. Działalność podjęło także Przedszkole. Zarówno Przedszkole, Szkoły Podstawowe, jak i Liceum funkcjonują obecnie w zabytkowych gmachach przy ul. Pięknej w Warszawie, które zostały starannie odrestaurowane.

Cztery budynki tworzą niewielki wewnętrzny dziedziniec. Wszystkie pomieszczenia, w których przebywają uczniowie są przestronne i dobrze oświetlone. W budynku frontowym, obok zawsze otwartej kaplicy szkolnej, znajduje się Izba Pamięci, opowiadająca o historii szkoły (*Historia naszych Szkół*, dostęp: 10.01.2024).

Problemem analizowanego zespołu szkół jest brak spójnej strategii promocji. Organizacje są w stanie budować pozytywny wizerunek, zwracając się w konstruktywny sposób do swoich obecnych i potencjalnych klientów. Pomagają im w tym działania z zakresu *public relations* (PR), obejmujące zróżnicowane programy, mające na celu promowanie lub ochronę wizerunku firmy i poszczególnych jej produktów (Kotler, Keller 2016: 564-565). Jednak, aby były one skuteczne, konieczna jest gruntowna znajomość tych organizacji. Tylko dzięki takiej wiedzy można opracować skuteczną strategię postępowania. Jedną z metod, umożliwiającą przebadanie kondycji wewnętrznej określonej jednostki oraz szans i zagrożeń płynących z jej otoczenia, jest analiza SWOT. Obejmuje ona diagnozę organizacji w czterech obszarach. Są to: mocne strony, słabe strony, szanse i zagrożenia. Według definicji mocne strony to wszystko, co organizacja posiada i robi, a co jest w stanie zapewnić jej sukces. Każda organizacja powinna je tworzyć i starać się utrzymać, gdyż budują jej przewagę konkurencyjną Wszelkie braki stojące na drodze do sukcesu to słabe strony. Są to czynniki hamujące rozwój organizacji, obniżające jej sprawność działania. Należy próbować je wyeliminować. Szanse oznaczają korzystne okoliczności płynące z otoczenie zewnętrznego. Stymulują rozwój, pomagają w przypadku trudności. Natomiast zagrożenia to takie zmiany otoczenia zewnętrznego, które mogą wpłynąć negatywnie, być elementem hamującym postęp. Można im przeciwdziałać, podejmując określone kroki zaradcze, jednak trzeba wcześniej mieć świadomość ich obecności i zaplanować odpowiednie postępowanie (Lake 2005: 97-98). Analiza SWOT nie powstaje w próżni. Jako punkt wyjścia przyjęto zatem organizację idealną i do niej przeprowadzono analizę porównawczą.

IDENTYFIKACJA CZYNNIKÓW

LISTA CZYNNIKÓW

Sporządzona została lista mocnych i słabych stron zespołu Prywatnych Szkół im. Cecylii Plater-Zyberkówny oraz szans i zagrożeń, występujących w ich otoczeniu. Następnie zostały wpisane w macierz SWOT (patrz: tabela 1). Przeprowadzając analizę, chodzi nie tyle o wskazanie wszystkich czynników, lecz skoncentrowanie się przede wszystkim na tych, które mogą mieć istotny wpływ na organizację. Poniżej wytypowano najistotniejsze z nich. Wykonana następnie analiza zależności pomoże ustalić, czy i jakie interakcje pomiędzy nimi zachodzą.

Tabela 1. Macierz SWOT

Mocne strony:	Słabe strony:
1) wykwalifikowana kadra	1) brak miejsc parkingowych pod szkołą i brak możliwości dojazdu pod szkołę
2) warunki lokalowe	
3) wyposażenie szkoły	
4) wszechstronny program dydaktyczny	2) infrastruktura niedostosowana do osób niepełnosprawnych
5) zapewnienie opieki pozalekcyjnej, zajęcia dodatkowe	3) zbyt mała ilość środków na inwestycje w infrastrukturę
6) współpraca z innymi placówkami edukacyjnymi	4) mała ilość pomocy dydaktycznych
7) stały kontakt z rodzicami	5) część nauczycieli jest zatrudniona równocześnie w dwóch szkołach
8) szkoła z tradycjami	6) działania promocyjne – słabe oznakowanie budynku szkoły, reklama
9) dbałość o bezpieczeństwo uczniów	7) brak biblioteki multimedialnej
Szanse:	Zagrożenia:
1) nawiązanie współpracy z instytucjami znajdującymi się w sąsiedztwie	1) niskie fundusze i nakłady finansowe

2) możliwość pozyskiwania środków zewnętrznych 3) wzrost zainteresowania programami autorskimi 4) aglomeracja warszawska 5) chęć kształcenia się nauczycieli, zdobycie stopni specjalizacji, drugiego kierunku na studiach podyplomowych	2) malejąca liczba uczniów, postępujący niż demograficzny 3) ubożenie społeczeństwa, utrata pracy przez rodziców (COVID-19) 4) wysokie koszty edukacji 5) konkurencyjność ze strony innych placówek 6) utrata pracowników – niskie zarobki 7) wzrost cen podręczników i pomocy szkolnych 8) zmniejszenie liczby godzin przedmiotu w siatce godzin – zmniejszenie etatów w szkole

Źródło: opracowanie własne.

ANALIZA ZALEŻNOŚCI

Po określeniu mocnych i słabych stron, szans oraz zagrożeń, poddano analizie występujące pomiędzy nimi zależności. Pozwoliło to na wyznaczenie obecnej pozycji strategicznej zespołu szkół niepublicznych, czyli ustalenie, które mocne strony pozwolą wykorzystać nadarzające się szanse oraz uniknąć zagrożeń, jak też które słabe strony mogą przeszkodzić w wykorzystaniu szans lub nie pozwolą uniknąć zagrożeń. Dla każdego z wyróżnionych czynników, zadano cztery pytania:

1. Czy mocne strony pozwolą wykorzystać szanse?
2. Czy mocne strony pozwolą uniknąć zagrożeń?
3. Czy słabe strony przeszkodzą w wykorzystaniu szans?
4. Czy słabe strony nie pozwolą uniknąć zagrożeń?

Są to pytania składające się na analizę SWOT. Jeśli odpowiedź brzmiała „tak", wstawiano w tabeli 2 „1". Kiedy zaś „nie, wpisywano „0". Analiza SWOT polega na wyjściu od wnętrza organizacji, czyli mocnych i słabych stron po to, żeby następnie zestawić je z otoczeniem zewnętrznym, w którym mogą pojawiać się zarówno szanse, jak i zagrożenia. Dzięki temu wiadomo jest, jakie mają one znaczenie, np. może okazać się, że mocna strona, która nie pozwala wykorzystać zbyt wielu szans, ani wyeliminować zagrożeń nie jest na tyle istotna, aby opłacało się angażować w nią czas i środki, które można byłoby spożytkować w inny sposób.

Tabela 2. Wykrycie zależności

| | | | Otoczenie | | | | | | | | | | | |
| | | | Szanse | | | | | Zagrożenia | | | | | | | |
			1	2	3	4	5	1	2	3	4	5	6	7	8
Firma	Mocne strony	1	1	1	1	1	1	0	0	0	0	1	0	0	0
		2	1	1	0	1	1	0	0	0	0	1	1	0	0
		3	1	0	1	0	1	0	0	0	0	1	0	0	0
		4	1	1	1	1	0	0	1	0	0	1	0	0	1
		5	1	1	1	1	0	0	0	0	0	1	0	0	1
		6	1	1	1	1	1	0	0	0	0	0	0	0	0
		7	0	0	1	0	0	0	0	0	0	0	0	0	0
		8	1	1	1	1	1	1	1	0	0	1	1	0	0
		9	0	0	0	1	0	0	0	0	0	0	0	0	0
	Słabe strony	1	0	0	0	0	0	0	0	0	0	1	0	0	0
		2	1	1	0	0	0	1	1	0	0	0	0	0	0
		3	0	0	0	0	0	1	0	0	0	1	0	0	0
		4	0	0	1	0	0	1	0	0	1	1	0	0	0
		5	0	0	1	0	1	0	0	0	0	1	1	0	0
		6	0	0	1	1	0	0	1	0	0	0	0	0	0
		7	1	0	0	0	0	0	0	0	1	1	0	1	0

Żródło: opracowanie własne.

Jak widać z analizy zależności, jedynie trzy mocne strony (wykwalifikowana kadra, współpraca z innymi placówkami edukacyjnymi, szkoła z tradycjami) pozwalają wykorzystać wszystkie szanse. Również trzy mocne strony (współpraca z innymi placówkami edukacyjnymi, stały kontakt z rodzicami, dbałość o bezpieczeństwo uczniów) nie pozwalają uniknąć żadnego z zagrożeń. Co ciekawe, powtarza się tutaj mocna strona w postaci współpracy z innymi placówkami edukacyjnymi. Jednocześnie jedna słaba strona (brak miejsc parkingowych pod szkołą i brak możliwości dojazdu pod szkołę) nie będzie przeszkadzała w wykorzystywaniu szans i wzmocni siłę tylko jednego zagrożenia. Nie jest więc czymś zbyt istotnym pod względem strategicznym.

ZLICZENIE INTERAKCJI

W kolejnym kroku zliczono występujące interakcje pomiędzy czynnikami (patrz: tabela 3). Najwyższa liczba interakcji została stwierdzona w polu strategii agresywnej. W przypadku pozostałych trzech strategii odnotowano niższą ilość interakcji. Może niepokoić drugie miejsce dla strategii defensywnej, jednak różnica pomiędzy stwierdzoną ilością interakcji dla strategii agresywnej, a pozostałymi strategiami jest wyraźna i nie ma potrzeby prowadzenia dodatkowej analizy mającej pomóc w dokonaniu wyboru pomiędzy różnymi wariantami strategii. Wszystko to oznacza, że badana instytucja znalazła się w sytuacji, w której powinna skoncentrować się na swoich mocnych stronach i użyć ich w celu wykorzystywania szans pojawiających się w otoczeniu zewnętrznym.

Tabela 3. Określenie pozycji strategicznej

	Szanse	Zagrożenia
Mocne strony	Liczba interakcji – 32 Strategia agresywna (*maxi-maxi*)	Liczba interakcji – 13 Strategia konserwatywna (*maxi-mini*)
Słabe strony	Liczba interakcji – 8 Strategia konkurencyjna (*mini-maxi*)	Liczba interakcji – 14 Strategia defensywna (*mini-mini*)

Źródło: opracowanie własne.

WYBÓR STRATEGII

Z oceny pozycji strategicznej wynika, że zespół szkół im. Cecylii Plater-Zyberkówny znajduje się w polu strategii agresywnej. Jest to strategia silnej ekspansji w oparciu o mocne strony organizacji i szanse obecne w jej otoczeniu. Z perspektywy strategicznej pewną trudnością jest to, że działania promocyjne stanowią słabą stronę organizacji, która przeszkodzi w wykorzystaniu nadarzających się szans, jeśli nie podejmie się kroków zaradczych. Mogą to zmienić istotne zmiany w obszarze *public relations*, które powinny zostać oparte o mocne strony instytucji, uwzględniając dostępne szanse. Warto pamiętać, że PR to także działania mające chronić szkołę przed zagrożeniami.

Do mocnych stron Szkół, pozwalających wykorzystać nadarzające się szanse, należą: wykwalifikowana kadra; warunki lokalowe; wyposażenie szkoły; wszechstronny program dydaktyczny; zapewnienie opieki pozalekcyjnej, zajęcia dodatkowe; współpraca z innymi placówkami edukacyjnymi; stały kontakt z rodzicami; szkoła z tradycjami; dbałość o bezpieczeństwo uczniów. Wszyscy nauczyciele placówki posiadają wykształcenie wyższe oraz wykształcenie z przygotowaniem pedagogicznym. Są to nauczyciele dyplomowani i mianowani. Trzech nauczycieli może pochwalić się odbyciem studiów podyplomowych, a kolejnych trzech jest w ich trakcie. Każdy z nauczycieli uczestniczy w dokształcaniu ustawicznym poprzez kursy. Trzy nauczycielki posiadają stopnie specjalizacji przedmiotowej: geografia, kształcenie zintegrowane. Kadra dydaktyczna z zaangażowaniem i sumiennie pracuje z uczniami. W szkole zatrudniony jest: psycholog szkolny, pedagog i logopeda. Placówka ma dobre warunki lokalowe i wyposażenie szkoły. Składają się na nie: budynek murowany, piętrowy, duże i widne sale; winda; pomieszczenie kuchenne z zapleczem, w którym przygotowywane są posiłki dla uczniów i nauczycieli, stołówka na miejscu; przestronne szatnie; 2 duże świetlice; dobre warunki sanitarno-higieniczne (nowe sanitariaty, sprawne centralne ogrzewanie); liczba pomieszczeń umożliwia nauczanie na jedną zmianę; plac zabaw dla młodszych dzieci; ogrodzony i bezpieczny plac szkolny; szkoła posiada: tablice multimedialne, komputery, telewizory, radiomagnetofony, wieże stereofoniczne; 2 sale gimnastyczne;

duża ilość sprzętu sportowego, stół do tenisa stołowego, stroje do szermierki; sale komputerowe; gabinet pielęgniarki; szkolna kaplica; sala chemiczna; aula im. Jadwigi Reutt ze sceną teatralną; sala muzyczna; Biblioteka im. Danuty Palczewskiej; pracownie (fizyczna, chemiczna, geograficzna, biologiczna, pracownia plastyczna, historyczna, języków obcych, języka polskiego oraz historii sztuki); salka gospodarstwa domowego i majsterkowania; internet/światłowód.

W szkole znajduje się sala do terapii Integracji Sensorycznej, w której prowadzone są także zajęcia terapii ręki i spotkania relaksacyjne. Wyposażona jest w odpowiednie sprzęty i pomoce, przyjazna dla dziecka, budzi w nich pozytywne emocje i poczucie bezpieczeństwa. Niedługo powstanie kącik doświadczania świata. W pracy z uczniami stosowane są różne metody pracy i indywidualny proces dydaktyczny. Realizowane są programy promujące zdrowie i profilaktyczne, edukacja ekologiczna, gimnastyka korekcyjno-kompensacyjna, zawody sportowe. Lekcje przyjmują czasami formę wycieczek. Szkoła jest miejscem bezpiecznym, zatrudnia firmę ochroniarską, która pracuje 24 godziny na dobę, ponadto w czasie przerw lekcyjnych nauczyciele mają dyżury. Uczniowie mogą korzystać z programów profilaktycznych i stypendiów socjalnych. Szkoła ma bogatą ofertę programową i dodatkowe zajęcia. Opieka w świetlicy jest prowadzona od godziny 7:00 do 17:30. Szkoła dba o przyjazne kontakty z innymi placówkami edukacyjnymi oraz współpracuje z rodzicami, m.in. przez Radę Rodziców, udzielanie informacji o postępach dzieci w postaci zebrań klasowych, rozmów indywidualnych, dzienników ucznia, zeszytów klasowych.

Z kolei w otoczeniu badanego podmiotu obecne są następujące szanse: nawiązanie współpracy z instytucjami znajdującymi się w sąsiedztwie; możliwość pozyskiwania środków zewnętrznych; wzrost zainteresowania programami autorskimi; aglomeracja warszawska; chęć kształcenia się nauczycieli, zdobycie stopni specjalizacji, drugiego kierunku na studiach podyplomowych. Szczególnie duże nadzieje wiążemy z dogodną lokalizacją, ponieważ Warszawa jest stolicą Polski i największym polskim miastem pod względem ludności (1 753 977 mieszkańców). W skład Obszaru Metropolitalnego Warszawy, który zajmuje prawie 18% ogólnej powierzchni województwa mazowieckiego wchodzi: 71 gmin i 1 miasto na prawach powiatu. Jest to ogromna ilość osób, które gdzieś muszą się uczyć. Warto zaznaczyć, że uczniowie szkół warszawskich przeciętnie uzyskują wyższe wyniki sprawdzianu po szkole podstawowej, egzaminu gimnazjalnego oraz matur od uczniów szkół z innych gmin Obszaru Metropolitalnego Warszawy. W roku szkolnym 2012/2013 na tym terenie działało 699 szkół podstawowych i 474 gimnazjalnych, z czego odpowiednio 311 i 231 w Warszawie. Rejonizacja nie jest sprawą aż tak ważną ze względu na łatwy dojazd (*Potencjały i wyzwania dla Obszaru Metropolitalnego Warszawy*, dostęp: 10.01.2024).

W obliczu niżu demograficznego dużą rolę odgrywa renoma, jaką może pochwalić się placówka. Natomiast Prywatne Szkoły im. Cecylii Plater-Zyberkówny mają wielowiekową tradycję, którą warto wykorzystać i mówić o niej głośno, prowadząc działania promocyjne. Trzy mocne strony pozwalają wykorzystać wszystkie pojawiające się szanse. Mowa tutaj o: wykwalifikowanej kadrze, współpracy z innymi placówkami edukacyjnymi oraz bogatej tradycji szkoły. Widać więc, że Szkoły mają silną podstawę do budowy pozytywnego wizerunku, który będzie przenosił się na ich ofertę zarówno obecną, jak też przyszłą. Jest to o tyle ważne, że w czasach kryzysu, aby nie popaść w kłopoty, szkoły niepubliczne muszą starać się realizować innowacyjne projekty, czy też budować korzystne relacje z biznesem. Niewiele mniej szans pozwalają wykorzystać warunki lokalowe, wszechstronny program dydaktyczny oraz zapewnienie opieki pozalekcyjnej i zajęć dodatkowych. Tradycja szkoły jest na tyle mocną stroną, że osłabi siłę oddziaływania największej ilości zagrożeń. Z analizy widać, że zagrożenie w postaci konkurencyjności ze strony innych placówek tylko pozornie jest silne, ponieważ aż sześć mocnych stron będzie działało na rzecz jego uniknięcia. Prywatne Szkoły im. Cecylii Plater-Zyberkówny, aby mogły dalej z sukcesem się rozwijać powinny przede wszystkim postawić na promowanie wiedzy o organizacji za pomocą komunikacji wewnętrznej i zewnętrznej. Należy skoncentrować się na przedstawianiu aktualności i informacji o organizacji w jak najlepszym świetle, nagłaśniać nową i obecną ofertę.

4.3.3. Analiza SWOT firmy budowlanej

Wewnętrzne i zewnętrzne uwarunkowania potencjału firmy MIRANBUD S.A. na podstawie analizy SWOT

Analiza SWOT jest metodą wykorzystywaną do analizy strategicznej organizacji. Powstała już w latach pięćdziesiątych XX wieku. Odwołuje się do koncepcji analizy pola siły Kurta Lewina. Wykonanie analizy SWOT polega na przeprowadzenia diagnozy firmy w czterech obszarach. Są to: mocne strony (*Strengths*), słabe strony (*Weaknesses*), szanse (*Opportunities*) i zagrożenia (*Threats*). Nie ma konieczności analizowania wszystkich czynników, wystarczy skoncentrować się na tych, które prawdopodobnie będą miały duży wpływ na przyszłość firmy (Gierszewska, Romanowska 2017: 189-191).

MIRANBUD S.A. to firma z tradycjami, powstała już w roku 1988 i mająca siedzibę w Skierniewicach. Prowadzi działalność na terenie kraju oraz za granicą. W obszarze jej zainteresowania pozostają: budownictwo przemysłowe, budynki użyteczności publicznej, budownictwo komercyjne, budownictwo mieszkaniowe i inżynieria drogowa. Na Grupę Kapitałową MIRANBUD składają się cztery spółki: MIRANBUD S.A., KOBYLARNIA S.A., JHM DEVELOPMENT S.A., MARYWILSKA 44 Sp. z o.o. (*O firmie*, dostęp: 9.01.2024). W branży budowlanej, szczególnie w przypadku generalnych wykonawców, klienci najbardziej cenią doświadczenie i pewność wynikającą z dobrej sytuacji finansowej wykonawcy. Dużym zagrożeniem dla firmy może być niepewna sytuacja spowodowana wystąpieniem pandemii COVID-19. Już obecnie nastąpił powiązany z tym spadek przychodów spółki MARYWILSKA 44.

W toku analizy ustalono, jakie są mocne i słabe strony firmy MIRBID S.A. oraz jakie szanse i zagrożenia występują w jej otoczeniu. Zostały one uwzględnione w tabeli poniżej. Zgodnie z definicją do mocnych stron firmy należy wszystko, co organizacja posiada i co robi, aby zapewnić sobie sukces na rynku. Z kolei słabymi stronami są wszelkie braki, coś czego firma nie robi i nie posiada. Słabe strony będą czynnikami stojącymi na drodze w osiągnięciu sukcesu. Szanse to czynniki występujące w otoczeniu, wszelkie sprzyjające okoliczności możliwe do wykorzystania w celu osiągnięcia dobrych wyników z działalności. Z kolei zmiany otoczenia, które mogą negatywnie wpłynąć na firmę, określane są mianem zagrożeń.

Tabela 1. Macierz SWOT

Mocne strony:	Słabe strony:
• kontakty zagraniczne • dobra sytuacja finansowa • doświadczenie w implementacji projektów budowlanych • wykwalifikowana kadra kierownicza • wykwalifikowani specjaliści • reputacja firmy (pierwsza dwudziestka największych firm budowlanych w Polsce) • nowoczesny sprzęt • jakość świadczonych usług • jakość produktów • generalny wykonawca • zróżnicowana oferta	• zapotrzebowanie na specjalistów • wysokie nakłady na zakup nowych urządzeń i konserwację • wysokie koszty prowadzenia działalności • zależność od inwestycji państwowych • branża podatna na wpływ pandemii (działalność związana z wynajmem nieruchomości i działalność wystawowo-targowa)
Szanse:	Zagrożenia:
• wysokie zapotrzebowanie na ten rodzaj działalności • działalność na rynku krajowym • działalność na rynku międzynarodowym • szerokie możliwości prowadzenia akcji marketingowych • wzrost aktywności inwestycyjnej na rynku • inwestycje ze strony państwa	• pandemia koronawirusa • wzrost cen • zmiany w prawie • inflacja • presja ze strony dostawców • silna konkurencja • spadek zamożności społeczeństwa • spadek aktywności inwestycyjnej na rynku

Źródło: opracowanie własne.

ANALIZA WYSTĘPUJĄCYCH ZALEŻNOŚCI

Po wyznaczeniu mocnych, słabych stron, szans oraz zagrożeń, przebadano występujące pomiędzy czynnikami zależności. Z tego powodu zadano cztery pytania składające się na analizę SWOT:

1. Czy mocne strony pozwolą wykorzystać szanse?
2. Czy mocne strony pozwolą uniknąć zagrożeń?
3. Czy słabe strony przeszkodzą w wykorzystaniu szans?
4. Czy słabe strony nie pozwolą uniknąć zagrożeń?

W sytuacji kiedy odpowiedź brzmi „tak", należy wstawić w odpowiednie pole tabeli „1". Kiedy zaś „nie", wstawia się „0". W analizie SWOT wychodzi się od mocnych i słabych stron przedsiębiorstwa, aby następnie skonfrontować je z szansami i zagrożeniami obecnymi w jego otoczeniu (Żabińska 2000: 49). Wykonana analiza pozwoliła na wyznaczenie obecnej pozycji strategicznej firmy MIRANBUD S.A. i ustalenie, które z mocnych stron pozwolą wykorzystać nadarzające się szanse, aby zagrożenia nie osłabiły jej pozycji.

Tabela 2. Analiza zależności występujących pomiędzy czynnikami

			Otoczenie												
			Szanse						Zagrożenia							
			1	2	3	4	5	6	1	2	3	4	5	6	7	8
Firma	Mocne strony	1	1	0	1	1	1	0	0	0	1	0	0	0	0	1
		2	1	1	1	1	0	1	1	1	0	1	1	0	0	1
		3	1	1	1	0	1	1	0	0	0	0	0	1	0	0
		4	1	1	1	0	1	1	0	0	1	0	0	0	0	0
		5	1	1	1	0	0	1	0	0	0	0	0	1	0	0
		6	1	1	1	1	1	1	1	0	0	0	1	1	0	0
		7	1	1	1	1	1	1	0	0	0	0	0	0	0	0
		8	1	1	1	1	0	0	0	1	0	0	0	1	0	0
		9	1	1	1	1	1	1	0	0	0	0	0	1	0	0
		10	1	1	1	0	1	1	1	1	0	0	0	0	1	1
		11	1	1	1	1	1	1	1	1	1	0	1	0	0	1
	Słabe strony	1	1	1	1	0	1	1	1	0	0	0	0	1	0	0
		2	0	0	0	0	1	0	0	1	0	1	0	0	0	0
		3	0	0	0	0	0	0	1	1	0	1	0	0	0	1
		4	0	0	0	0	0	0	1	0	1	0	0	0	0	0
		5	1	1	1	0	0	0	1	0	0	0	0	1	0	1

Źródło: opracowanie własne.

Określenie pozycji strategicznej

Zliczono występujące interakcje (patrz: tabela 3).

Tabela 3. Pozycja strategiczna firmy MIRANBUD S.A.

	Szanse	Zagrożenia
Mocne strony	Liczba interakcji – 56 Strategia agresywna (*maxi-maxi*)	Liczba interakcji – 25 Strategia konserwatywna (*maxi-mini*)
Słabe strony	Liczba interakcji – 9 Strategia konkurencyjna (*mini-maxi*)	Liczba interakcji – 13 Strategia defensywna (*mini-mini*)

Źródło: opracowanie własne.

Najwyższą liczbę interakcji (56) stwierdzono w polu strategii agresywnej. W przypadku pozostałych strategii wartości te były zdecydowanie niższe. Oznacza to, że firma znalazła się w sytuacji, gdy powinna skoncentrować się na swoich mocnych stronach i szansach pojawiających się w otoczeniu zewnętrznym. Podstawowymi czynnikami, na jakich powinna być budowana strategiczna przewaga MIRANBUD S.A., są:

- kontakty zagraniczne;
- dobra sytuacja finansowa;
- doświadczenie w implementacji projektów budowlanych (trzydziestoletnie doświadczenie oraz ponad 500 zakończonych projektów inwestycyjnych);
- wykwalifikowana kadra kierownicza;
- wykwalifikowani specjaliści (ponad 800 pracowników);
- reputacja firmy (pierwsza dwudziestka największych firm budowlanych w Polsce);
- nowoczesny sprzęt (rozwinięty park maszynowy zapewniający wykonywanie większości prac na bazie własnego zaplecza);
- jakość świadczonych usług (najwyższa jakość usług, sprawna organizacja, szybkie tempo prac w oparciu o najwyższe standardy oraz profesjonalną kadrę techniczną);
- jakość produktów;

- generalny wykonawca we wszystkich segmentach budownictwa;
- zróżnicowana oferta.

Są to te mocne strony, które pozwoliły wykorzystać prawie wszystkie szanse w postaci:

- wysokiego zapotrzebowania na ten rodzaj działalności;
- działalności na rynku krajowym;
- działalności na rynku międzynarodowym;
- szerokich możliwości prowadzenia akcji marketingowych;
- wzrostu aktywności inwestycyjnej na rynku;
- zwiększenia inwestycji ze strony państwa.

REKOMENDOWANA STRATEGIA DLA FIRMY MIRANBUD S.A.

Uzyskane wyniki analizy SWOT wskazują, że przy zdefiniowanej konfiguracji czynników wewnętrznych i zewnętrznych, najbardziej pożądanym wariantem działania dla MIRANBUD S.A. jest przyjęcie strategii agresywnej. Polega ona na maksymalnym wykorzystaniu efekty synergii występującego między silnymi stronami organizacji i szansami generowanymi przez otoczenie. Jest to strategia silnej ekspansji i zdywersyfikowanego rozwoju. Do jej specyficznych działań zalicza się: aktywne wykorzystywanie pojawiających się szans, wzmacnianie pozycji na rynku, przejmowanie organizacji o tym samym profilu, koncentrację zasobów na konkurencyjnych produktach.

W przypadku MIRANBUD S.A. największy wpływ na wykorzystanie pojawiających się szans w otoczeniu mogą mieć mocne strony w postaci:

- reputacja firmy (pierwsza dwudziestka największych firm budowlanych w Polsce);

- nowoczesny sprzęt (rozwinięty park maszynowy zapewniający wykonywanie większości prac na bazie własnego zaplecza);
- jakość produktów;
- zróżnicowana oferta.

Za najważniejsze szanse, które spotęgują mocne strony, należy uznać:

- wysokie zapotrzebowanie na ten rodzaj działalności;
- działalność na rynku międzynarodowym.

Są to te mocne strony i szanse, które wchodzą w korelacje ze wszystkimi pozostałymi czynnikami. Jednocześnie trzeba zauważyć, że pozostałe mocne strony i szanse pozwoliły wykorzystać niewiele mniej czynników. Oznacza to, że warto budować plan strategiczny na każdym z nich. W oparciu o wyniki analizy SWOT, a także znajomość deklarowanej i realizowanej misji/wizji oraz celów, można zarekomendować firmie MIRANBUD S.A. cele strategiczne na najbliższe lata.

MISJA/WIZJA

Samo słowo „wizja" pochodzi od łacińskiego *videre*, oznaczającego „wiedzieć". Stanowi ona określony obraz firmy w przyszłości, jej najbardziej fundamentalne dążenie, to jaka chce ona być. Wizja będzie prawdziwa i możliwa do osiągnięcia jedynie wtedy, kiedy czynnie będą włączać się w jej realizację pracownicy firmy. Bardziej konkretna i precyzyjna od wizji jest misja firmy. Przekłada ona wizję na użytek strategii. Powinna spełniać łącznie trzy warunki: wyznaczać kierunek rozwoju, dotyczyć przyszłości, wyrażać marzenia i wyzwania, którym należy sprostać. Określenie misji jest bardzo ważne, gdyż jest ona ideą przewodnią organizacji. Będzie wiarygodna jedynie wtedy, gdy proces realizacji strategii taki będzie. Z tego też powodu wyznacza się cele strategiczne, które są kamieniami milowymi w drodze do osiągnięcia sukcesu (Obłój 2007: 389).

Wizja MIRANBUD S.A.: „do każdego z realizowanych projektów podchodzimy indywidualnie. Niezależnie od tego czy budujemy halę sportową, fabrykę, szkołę, szpital czy halę magazynową – nasi projektanci starają się w pełni zrozumieć potrzeby Inwestora. Dzięki temu realizujemy nawet największe projekty inwestycyjne wyznaczając kierunki rozwoju w polskim budownictwie" (*O firmie*, dostęp: 9.01.2024).

Misję firmy zdefiniowano w następujący sposób: „misją MIRANBUD S.A. jest realizacja inwestycji w sposób godny lidera rynku budownictwa, z poszanowaniem środowiska naturalnego oraz zgodnie z zasadami etyki. Nasze cele osiągamy dzięki profesjonalizmowi będącemu odzwierciedleniem pasji budowania, którą opieramy na fundamentach szerokiego doświadczenia, wysokiej efektowności działania oraz partnerskim relacjom z dostawcami i podwykonawcami. Misję realizujemy poprzez:

- oferowanie najwyższej jakości usług budowlanych,
- inwestycje w nowoczesne zaplecze techniczne,
- podnoszenie kwalifikacji przez naszą kadrę,
- przestrzeganie przepisów prawa budowlanego, przepisów dotyczących ochrony środowiska naturalnego oraz przepisów BHP,
- ciągłe doskonalenie skuteczności wdrożonego Systemu Zarządzania Jakością EN ISO 9001:2008" (*Misja*, dostęp: 9.01.2024).

W przedsiębiorstwie MIRANBUD S.A. wdrożono system zarządzania jakością, tworząc spójną Politykę Jakości. W jej ramach należy stworzyć pracownikom jak najlepsze warunki do zrozumienia swoich zadań i odpowiedzialności za jakość oferowanych produktów. Cele wynikające z realizowanej polityki:

- zatrudnienie personelu o niezbędnej wiedzy, kwalifikacjach oraz wysokich umiejętnościach praktycznych;
- dążenie do ciągłego doskonalenia personelu;
- ciągłe doskonalenie systemu zarządzania;
- wsparcie procesu zarządzania jakością narzędziami informatycznymi;
- stosowanie nowoczesnych maszyn i urządzeń przy realizacji usług;
- stosowanie nowoczesnych technik zarządzania przedsiębiorstwem;
- korzystanie wyłącznie ze sprawdzonych podwykonawców materiałów i poddostawców usług;
- realizowanie pracy w terminie;
- realizacja planów działania na rzecz podnoszenia jakości i zarządzania ryzykiem (*Grupa Kapitałowa MIRANBUD. Sprawozdanie na temat informacji niefinansowych obejmujące okres od 01 stycznia do 31 grudnia 2020 roku*, dostęp: 9.01.2024).

Dla firmy MIRANBUD S.A. równie istotną sprawą, jak wskazana wyżej polityka, jest troska o odpowiedzialne zarządzanie w oparciu o strategię CSR. Polega ona na:

- utrzymaniu braku zachowań nieetycznych i eliminacji ryzyk wpływających na ich powstanie;

- byciu partnerem, gościem oraz dobrym sąsiadem dla społeczności lokalnych, wspieranie ich rozwoju i zmniejszenie oddziaływania na otoczenie środowiskowe;
- zapewnieniu równych szans rozwoju zawodowego wszystkim grupom społecznym;
- zapewnieniu systemu monitorowania i mechanizmów kontroli nad społecznymi i środowiskowymi aspektami w systemie łańcucha dostaw;
- stałym podnoszeniu jakości świadczonych usług, przy jednoczesnym ograniczaniu oddziaływania na środowisko i udoskonalaniu standardów bezpieczeństwa i higieny pracy (tamże).

Rok 2020 był szczególnie ważny dla firmy, ponieważ właśnie wtedy dokonano jej reorganizacji. Została ona przeprowadzona w trzech etapach. Wystąpienie zjawiska pandemii przyspieszyło realizację etapu drugiego. W 2020 roku zaprzestano działalności wystawienniczo-targowej. Etapy te to:
- przejęcie bezpośredniej kontroli przez MIRANBUD S.A. nad JHM DEVELOPMENT S.A., jak też wycofanie jego akcji z obrotu na Giełdzie Papierów Wartościowych;
- rozwiązanie spółki zależnej EXPO MAZURY Sp. z o.o. i przeniesienie jej majątku do MARYWILSKA 44 Sp. z o.o. Chodziło o koncentrację działalności związanej z wynajmem powierzchni komercyjnej w ramach jednego podmiotu zależnego;
- przejęcie bezpośredniej kontroli nad pozostałymi spółkami z Grupy, wobec których MIRANBUD S.A. nie posiadał obecnie statusu podmiotu bezpośrednio dominującego (tamże).

Firma MIRANBUD S.A. powinna:

- stale dbać o wysoką jakość świadczonych usług – jakość usług i produktów jest jedną z najmocniejszych stron firmy. Warto prowadzić dalsze działania w kierunku ich utrzymania i doskonalenia;
- pozyskać klientów z zagranicy – dzięki istniejącym kontaktom zagranicznym MIRANBUD S.A. może wykorzystać wysokie zapotrzebowanie na swoje usługi na rynku międzynarodowym. Zwiększają się tym samym możliwości prowadzenia akcji marketingowych również poza granicami kraju;
- postawić na wizerunek generalnego wykonawcy – w świetle obecnych trudności związanych z pandemią, dużą wartością dodaną jest fakt kompleksowego przygotowania inwestycji, która nie wymaga przeprowadzania większej ilości kontaktów niż jest to potrzebne;
- spodziewać się wzrostu liczby inwestycji, zwłaszcza ze strony państwa w obszarze obronności – spółka posiada certyfikat ISO 9001:2015 spełniający wymagania AQAP 2110:2016 dotyczące produkcji wyrobów obronnych, w tym budowy budowli związanych z obronnością kraju;
- akcentować własne wieloletnie doświadczenie w przekazie medialnym;
- inwestować w nowoczesny park maszynowy – będzie on bardziej ekologiczny oraz będzie istniała możliwość wykorzystania energii pochodzącej z odnawialnych źródeł.

Jak wynika z przeprowadzonej analizy, firma MIRANBUD S.A. znajduje się w polu strategii agresywnej. Nie oznacza to jednak, że nie powinna koncentrować się w swoich działaniach również na eliminowaniu słabych stron i minimalizowaniu zagrożeń. Część z nich zostanie zmarginalizowana dzięki następującym działaniom:

- przeprowadzenie szkolenia dla pracowników z obszaru misji, wizji, głównych celów i wartości MIRANBUD S.A.;
- wprowadzenie zmian dotyczących procedury wyboru dostawców i podwykonawców;
- optymalizacja procesów produkcyjnych w zakresie zużycia energii elektrycznej i zużycia paliwa;
- utworzenie jakościowej i ilościowej ewidencji materiałów ponownie wykorzystywanych, które pochodzą z rozbiórek, demontażu, robót ziemnych.

Wnioski końcowe

MIRANBUD S.A. jest spółką dysponującą wieloletnimi tradycjami. Powstała już w latach 80-tych XX w. w Skierniewicach, aby w 2008 r. wejść na Giełdę Papierów Wartościowych w Warszawie. Jej sytuacja finansowa jest dobra, a perspektywy rozwojowe obiecujące pomimo silnej konkurencji i trudności związanych z obecną pandemią koronawirusa. MIRANBUD S.A. buduje stabilną Grupę Kapitałową o zdywersyfikowanej działalności, dzięki której firma będzie umiała poradzić sobie z takimi trudnościami, koncentrując swoje wysiłki na tej działalności, która jest w danym momencie najbardziej opłacalna. Dużą szansą dla firmy są rynki zagraniczne oraz inwestycje finansowane przez rząd RP. Uda się je wykorzystać dzięki mocnym stronom MIRANBUD S.A., do których należy m.in. dobra reputacja firmy, która znajduje się w pierwszej dwudziestce największych firm budowlanych w Polsce, rozwinięty park maszynowy zapewniający wykonywanie większości prac na bazie własnego zaplecza oraz spełnienie norm jakości.

Poniżej zamieszczono trzy przykłady dla analizy SWOT TOWS. Pamiętaj, że stopień szczegółowości analizy, którą przygotujesz, zależy od indywidualnych wymagań.

4.4.1. Analiza SWOT TOWS prywatnego domu seniora

Wprowadzenie

Niniejsza analiza SWOT TOWS została wykonany dla prywatnego domu seniora „Zakątek", zlokalizowanego w Sierakowie. Jest to małe miasto w województwie wielkopolskim, nie przekraczające 6 tys. mieszkańców (według stanu z 1 stycznia 2021 r. było to 5 956 osób). Sieraków położony jest nad rzeką Wartą, na skraju Puszczy Noteckiej, na pograniczu Kotliny Gorzowskiej i Pojezierza Poznańskiego, pomiędzy dwoma jeziorami Jaroszewskim i Lutomskim. Stanowi więc miejsce o wysokich walorach przyrodniczych, sprzyjające różnego rodzaju wypoczynkowi i rekreacji. Wyniki analizy SWOT TOWS zastaną użyte w planie marketingowym firmy, a ponadto umożliwią podjęcie decyzji strategicznych odnośnie przyszłości domu seniora „Zakątek".

Opis firmy

Dom seniora „Zakątek" jest placówką całodobową, zapewniająca opiekę osobom w podeszłym wieku. Jego niepowtarzalna lokalizacja w Sierakowie niedaleko Puszczy Noteckiej, uzupełniona profesjonalną obsługą opiekuńczo-medyczną oraz komfortowe warunki gwarantują dobre samopoczucie naszym podopiecznym. Zapewniamy personel pielęgniarski i opiekuńczy przez całą dobę. Oferujemy: pokoje 1-2 osobowe; 4 posiłki dziennie; salon kominkowy połączony z jadalnią i salą telewizyjna oraz tarasem; dostęp do internetu; w pokojach znajdują się: telewizor LCD, radio, monitoring wewnętrzny, czujki przeciwpożarowe, meble, łazienka; pralnia i suszarnia dla potrzeb podopiecznych; parking dla osób odwiedzających; całodobowa opieka; otoczenie – leśny ogród na ok. 1 ha działki. Ponadto istnieją liczne sposoby spędzania czasu wolnego, takie jak: *nordic walking*, wyprawy do lasu, spacery nad rzeką, możliwość pracy w ogrodzenie, wycieczki krajoznawcze, wieczorki telewizyjne, organizacja świąt i imprez okolicznościowych, biblioteka, opieka duszpasterska, terapia zajęciowa. Pokoje są bogato wyposażone. Przychodnia zapewnia opiekę lekarza rodzinnego, pielęgniarki, lekarzy specjalistów oraz rehabilitację.

IDENTYFIKACJA CZYNNIKÓW

Sporządzono listę mocnych i słabych stron domu seniora „Zakątek" oraz szans i zagrożeń występujących w jego otoczeniu. Następnie zostały one wpisane w poniższą macierz.

Tabela 1. Macierz SWOT

Mocne strony:	Słabe strony:
<ul><li>nowoczesny obiekt</li><li>lokalizacja</li><li>wykwalifikowany personel</li><li>opieka medyczna</li><li>bogata oferta domu seniora</li></ul>	<ul><li>niedobór kadry</li><li>problemy finansowe</li><li>niespójny marketing i reklama</li><li>brak spójnej strategii i wizji rozwoju firmy – zarządzanie</li><li>niewielka baza stałych klientów</li></ul>

Szanse:	Zagrożenia:
• starzenie się społeczeństwa • stałe zapotrzebowanie • rozluźnienie więzi rodzinnych • nowe segmenty klientów (np. osoby z niepełnosprawnością) • brak silnej konkurencji w regionie	• pojawienie się konkurentów • odpływ pracowników za granicę • pojawienie się na rynku firm oferujących podobne usługi (substytuty) – opieka w domu • zmiany w prawie • spadek wyników finansowych

Źródło: opracowanie własne.

OCENA POZYCJI STRATEGICZNEJ

USTALENIE WAG

Wszystkim wyróżnianym czynnikom przypisano wagę.

Tabela 2. System wag

Mocne strony	Waga	Słabe strony	Waga
Nowoczesny obiekt	0,2	Niedobór kadry	0,1
Lokalizacja	0,3	Problemy finansowe	0,2
Wykwalifikowany personel	0,2	Niespójny marketing i reklama	0,3
Opieka medyczna	0,2	Brak spójnej strategii i wizji rozwoju firmy – zarządzanie	0,1
Bogata oferta domu seniora	0,1	Niewielka baza stałych klientów	0,3
	1,0		1,0
Szanse	**Waga**	**Zagrożenia**	**Waga**
Starzenie się społeczeństwa	0,2	Pojawienie się konkurentów	0,2
Stałe zapotrzebowanie	0,3	Odpływ pracowników za granicę	0,3
Rozluźnienie więzi rodzinnych	0,1	Pojawienie się firm oferujących podobne usługi (substytuty) – opieka w domu	0,3
Nowe segmenty klientów (np. osoby z niepełnosprawnością)	0,2	Zmiany w prawie	0,1
Brak silnej konkurencji w regionie	0,2	Spadek wyników finansowych	0,1
	1,0		1,0

Źródło: opracowanie własne.

WYKRYCIE ZALEŻNOŚCI

Po określeniu mocnych i słabych stron, a także szans i zagrożeń, przebadano występujące zależności, ustalając jak wykorzystać mocne strony do zrealizowania nadarzających się szans oraz jak wykorzystać szanse, aby zagrożenia nie osłabiły pozycji firmy. Dla wszystkich z wyróżnionych wyżej czynników zadano cztery pytania analizy SWOT i cztery pytania analizy TOWS:

1. Czy zidentyfikowane mocne strony pozwolą wykorzystać nadarzające się szanse?
2. Czy zidentyfikowane mocne strony pozwolą przezwyciężyć zagrożenia?
3. Czy zidentyfikowane słabe strony nie pozwolą na wykorzystanie nadarzających się szans?
4. Czy zidentyfikowane słabe strony wzmocnią siłę oddziaływań zagrożeń?
5. Czy szanse spotęgują mocne strony?
6. Czy zagrożenia osłabią mocne strony?
7. Czy szanse pozwolą przezwyciężyć słabe strony?
8. Czy zagrożenia spotęgują słabe strony?

Jeśli odpowiedź brzmiała „tak", wstawiono „1" w odpowiednie pole w tabelach poniżej. Jeśli „nie", wstawiano „0".

Tabela 3. SWOT: Czy zidentyfikowane mocne strony pozwolą wykorzystać nadarzające się szanse?

Mocne strony/ Szanse	MS1	MS2	MS3	MS4	MS5	Waga	Liczba interakcji	Iloczyn wag i interakcji	Ranga
S1	0	1	1	1	1	0,2	4	0,8	4
S2	1	1	1	1	1	0,3	5	1,5	1
S3	0	0	0	1	1	0,1	2	0,2	5
S4	1	1	1	1	1	0,2	5	1,0	2/2
S5	1	1	1	1	1	0,2	5	1,0	2/2
Waga	0,2	0,3	0,2	0,2	0,1				
Liczba interakcji	3	4	4	5	5				
Iloczyn wag i interakcji	0,6	1,2	0,8	1,0	0,5				
Ranga	4	1	3	2	5				
Suma interakcji					42/2				
Suma iloczynów						8,6			

Źródło: opracowanie własne.

Tabela 4. TOWS: Czy szanse spotęgują mocne strony?

Szanse/ Mocne strony	S1	S2	S3	S4	S5	Waga	Liczba interakcji	Iloczyn wag i interakcji	Ranga
MS1	0	1	0	1	1	0,2	3	0,6	2/2
MS2	1	1	1	1	1	0,3	5	1,5	1
MS3	0	0	0	0	1	0,2	1	0,2	5
MS4	0	1	0	1	1	0,2	3	0,6	2/2
MS5	1	1	1	1	1	0,1	5	0,5	4
Waga	0,2	0,3	0,1	0,2	0,2				
Liczba interakcji	2	4	2	4	5				
Iloczyn wag i interakcji	0,4	1,5	0,3	0,8	0,8				
Ranga	4	1	5	2/2	2/2				
Suma interakcji							34/2		
Suma iloczynów								7,2	

Źródło: opracowanie własne.

Tabela 5. SWOT: Czy zidentyfikowane mocne strony pozwolą przezwyciężyć zagrożenia?

Mocne strony/ Zagrożenia	MS1	MS2	MS3	MS4	MS5	Waga	Liczba interakcji	Iloczyn wag i interakcji	Ranga
Z1	1	1	1	0	1	0,2	4	0,8	2
Z2	0	0	0	0	0	0,3	0	0,0	4/2
Z3	0	1	1	1	1	0,3	4	1,2	1
Z4	0	0	0	0	0	0,1	0	0,0	4/2
Z5	0	1	0	0	0	0,1	1	0,1	3
Waga	0,2	0,3	0,2	0,2	0,1				
Liczba interakcji	1	3	2	1	2				
Iloczyn wag i interakcji	0,2	0,9	0,4	0,2	0,2				
Ranga	3/3	1	2	3/3	3/3				
Suma interakcji							18/2		
Suma iloczynów								4,0	

Źródło: opracowanie własne.

Tabela 6. TOWS: Czy zagrożenia osłabią mocne strony?

Zagrożenia/ Mocne strony	Z1	Z2	Z3	Z4	Z5	Waga	Liczba interakcji	Iloczyn wag i interakcji	Ranga
MS1	0	0	1	0	0	0,2	1	0,2	5
MS2	1	0	1	0	0	0,3	2	0,6	1/2
MS3	0	1	0	0	1	0,2	2	0,4	3
MS4	0	1	0	1	1	0,2	3	0,6	1/2
MS5	1	1	0	0	1	0,1	3	0,3	4
Waga	0,2	0,3	0,3	0,1	0,1				
Liczba interakcji	2	3	2	1	3				
Iloczyn wag i interakcji	0,4	0,9	0,6	0,1	0,3				
Ranga	3	1	2	5	4				
Suma interakcji						22/2			
Suma iloczynów						4,4			

Źródło: opracowanie własne.

Tabela 7. SWOT: Czy zidentyfikowane słabe strony nie pozwolą na wykorzystanie nadarzających się szans?

Słabe strony/ Szanse	SS1	SS2	SS3	SS4	SS5	Waga	Liczba interakcji	Iloczyn wag i interakcji	Ranga
S1	0	0	0	1	0	0,2	1	0,2	4
S2	1	0	0	1	1	0,3	3	0,9	1
S3	0	0	0	0	1	0,1	1	0,1	5
S4	1	1	1	1	0	0,2	4	0,8	2/2
S5	0	1	1	1	1	0,2	4	0,8	2/2
Waga	0,1	0,2	0,3	0,1	0,3				
Liczba interakcji	2	2	2	4	3				
Iloczyn wag i interakcji	0,2	0,4	0,6	0,4	0,9				
Ranga	5	3/2	2	3/2	1				
Suma interakcji						26/2			
Suma iloczynów						5,3			

Źródło: opracowanie własne.

Tabela 8. TOWS: Czy szanse pozwolą przezwyciężyć słabe strony?

Szanse/ Słabe strony	S1	S2	S3	S4	S5	Waga	Liczba interakcji	Iloczyn wag i interakcji	Ranga
SS1	0	0	0	0	1	0,1	1	0,1	5
SS2	1	1	0	1	1	0,2	4	0,8	3
SS3	1	1	0	0	1	0,3	3	0,9	2
SS4	0	1	0	0	1	0,1	2	0,2	4
SS5	1	1	1	1	1	0,3	5	1,5	1
Waga	0,2	0,3	0,1	0,2	0,2				
Liczba interakcji	3	4	1	2	5				
Iloczyn wag i interakcji	0,6	1,2	0,1	0,4	1,0				
Ranga	3	1	5	4	2				
Suma interakcji						30/2			
Suma iloczynów						6,8			

Źródło: opracowanie własne.

Tabela 9. SWOT: Czy zidentyfikowane słabe strony wzmocnią siłę oddziaływań zagrożeń?

Słabe strony/ Zagrożenia	SS1	SS2	SS3	SS4	SS5	Waga	Liczba interakcji	Iloczyn wag i interakcji	Ranga
Z1	1	1	1	1	0	0,2	4	0,8	1
Z2	1	0	0	0	0	0,3	1	0,3	4
Z3	0	0	0	1	1	0,3	2	0,6	2
Z4	0	1	0	0	0	0,1	1	0,1	5
Z5	0	1	1	1	1	0,1	4	0,4	3
Waga	0,1	0,2	0,3	0,1	0,3				
Liczba interakcji	2	3	2	3	2				
Iloczyn wag i interakcji	0,2	0,6	0,6	0,3	0,6				
Ranga	5	1/3	1/3	4	1/3				
Suma interakcji						24/2			
Suma iloczynów						4,5			

Źródło: opracowanie własne.

Tabela 10. TOWS: Czy zagrożenia spotęgują słabe strony?

Zagrożenia/ Słabe strony	Z1	Z2	Z3	Z4	Z5	Waga	Liczba interakcji	Iloczyn wag i interakcji	Ranga
SS1	1	1	0	0	0	0,1	2	0,2	4/2
SS2	1	0	1	1	1	0,2	4	0,8	1
SS3	1	0	1	0	0	0,3	2	0,6	2
SS4	1	0	1	0	0	0,1	2	0,2	4/2
SS5	1	0	0	0	0	0,3	1	0,3	3
Waga	0,2	0,3	0,3	0,1	0,1				
Liczba interakcji	5	1	3	1	1				
Iloczyn wag i interakcji	1,0	0,3	0,9	0,1	0,1				
Ranga	1	3	2	4/2	4/2				
Suma interakcji						22/2			
Suma iloczynów								4,5	

Źródło: opracowanie własne.

ZESTAWIENIE ZBIORCZE

Uzyskane wyniki z analizy SWOT TOWS prezentuje poniższe zestawienie. Najwyższa suma interakcji oraz najwyższa suma iloczynów została stwierdzona przy kombinacji mocnych stron i szans. Oznacza to, że dom seniora „Zakątek" powinien przyjąć strategię agresywną.

Tabela 11. Zestawienie wyników

Kombinacja	Wyniki analizy SWOT		Wyniki analizy TOWS		Zestawienie zbiorcze SWOT TOWS	
	Suma interakcji	Suma iloczynów	Suma interakcji	Suma iloczynów	Suma interakcji	Suma iloczynów
Mocne strony/ Szanse	42/2	8,6	34/2	7,2	76/2	15,8
Mocne strony/ Zagrożenia	18/2	4,0	22/2	4,4	40/2	8,4
Słabe strony/ Szanse	26/2	5,3	30/2	6,8	56/2	12,1
Słabe strony/ Zagrożenia	24/2	4,5	22/2	4,5	46/2	9

Źródło: opracowanie własne.

Tabela 12. Określenie pozycji strategicznej

	Szanse	Zagrożenia
Mocne strony	Liczba interakcji – 76/2 Ważona liczba interakcji – 15,8 Strategia agresywna (*maxi-maxi*)	Liczba interakcji – 40/2 Ważona liczba interakcji – 8,4 Strategia konserwatywna (*maxi-mini*)
Słabe strony	Liczba interakcji – 56/2 Ważona liczba interakcji – 12,1 Strategia konkurencyjna (*mini-maxi*)	Liczba interakcji – 46/2 Ważona liczba interakcji – 9 Strategia defensywna (*mini-mini*)

Źródło: opracowanie własne.

WYBÓR STRATEGII

Z wykonanej oceny pozycji strategicznej wynika, że dom seniora „Zakątek" znajduje się w polu strategii agresywnej. Strategia ta polega na wychwytywaniu okazji, przejmowaniu podobnych firm, koncentracji zasobów na najlepszych produktach, wzmacnianiu pozycji na rynku (Kleksik 1993: 112). Nasza firma skoncentruje się na wykorzystywaniu swoich mocnych stron i szans płynących z otoczenia. Dwie mocne strony, które pozwalają wykorzystać każdą pojawiającą się szansę to: opieka medyczna i bogata oferta domu seniora. Niewiele mniej szans, ponieważ po cztery, pozwolą wykorzystać mocne strony: lokalizacja i wykwalifikowany personel. Warto zaznaczyć, że lokalizacja jest tą mocną stroną, która uzyskała najwyższą wagę. Najsilniej oddziałującą szansą jest brak silnej konkurencji w regionie, co wynika z wykonanej analizy TOWS. Ponadto silnymi szansami są: stałe zapotrzebowanie na świadczone przez nas usługi oraz nowe segmenty klientów. Oznacza to, że w przyszłości będzie można zaoferować usługi domu seniora „Zakątek" nowym rodzajom klientów, np. osobom niepełnosprawnym.

Wprowadzenie

Niniejsza analiza SWOT TOWS została wykonany dla Wojewódzkiej Stacji Pogotowia Ratunkowego i Transportu Sanitarnego. Jej podstawowym celem jest zabezpieczenie na obszarze swojej działalności, udzielania świadczeń zdrowotnych w razie wystąpienia wypadku, urazu, porodu, nagłego zachorowania albo innego nagłego pogorszenia stanu zdrowia, skutkujących zagrożeniem życia. Chodzi tutaj o zabezpieczenie wykonywania usług transportu sanitarnego oraz usług polegających na pozostawaniu w gotowości do wykonywania transportu, jak również obsługa i koordynacja bezprzewodowych środków łączności ochrony zdrowia, kanałów ratunkowych i sprzętu radiowego w środkach transportu sanitarnego. Status prawny podmiotu to Samodzielny Publiczny Zakład Opieki Zdrowotnej wpisany do rejestru zakładów opieki zdrowotnej, prowadzonego przez Wojewodę Mazowieckiego. Organem założycielskim jest Samorząd Województwa Mazowieckiego (*BIP*, dostęp: 7.01.2024).

Analiza SWOT jest metodą analizy strategicznej organizacji. Podstawowym zadaniem analizy SWOT jest porządkowanie i syntetyzowanie informacji na temat samego przedsiębiorstwa, którego ona dotyczy (Szmitka 2015: 79). Mocne strony i szanse należy wykorzystywać, a słabym stronom i zagrożeniom przeciwdziałać. TOWS jest natomiast odwrotnością SWOT. Wychodzi się w niej od szans i zagrożeń, aby następnie skonfrontować je ze słabymi i mocnymi stronami firmy.

W wykonanej analizie SWOT TOWS jako punkt odniesienia przyjęto hipotetyczne, idealne przedsiębiorstwo. Przeprowadzono do niego analizę porównawczą, wskazując na mocne i słabe strony prowadzonej działalności, jak też określając szanse i zagrożenia pojawiające się w jej otoczeniu zewnętrznym. Wyniki wykonanej analizy SWOT TOWS pozwolą lepiej poznać obecną sytuację firmy oraz mogą pomóc w podjęciu strategicznych decyzji, co do przyszłości podmiotu.

Opis firmy

Pogotowie Ratunkowe w Warszawie utworzono już w roku 1897. Była to inicjatywa doktora Józefa Zawadzkiego. W latach 1890-1893 pracował on w stacji pogotowia w Wiedniu i poznawał tam tajniki działania takiej instytucji. Na samym początku Pogotowie Ratunkowe utrzymywało się ze składek społecznych, dotacji miejskich, opłat ubezpieczalni społecznej i dobrowolnych datków. Nosiło wtedy nazwę Towarzystwo Pomocy Doraźnej. Aż do 1909 r. w Warszawie używano wyłącznie kolei konnej. Z tego też powodu każda interwencja i powrót do bazy trwała około półtorej godziny. Rok później doszło do technicznej rewolucji. Konie były już używane jedynie do przewozu chorych, a do wypadków jeździły samochody. W latach 1939-1945 pogotowie trafiło pod zarząd Generalnego Gubernatorstwa, utworzony przez III Rzeszę. W tym okresie w Warszawie funkcjonowała tylko stacja na ul. Hożej i na ul. Leszno. W czasie Powstania Warszawskiego oba budynki pogotowia zostały zniszczone, a tabor samochodowy wywieziony przez władze niemieckie. W 1945 r. podjęto decyzję o reaktywacji Pogotowia Ratunkowego w Warszawie. 6 listopada 1945 r. uruchomiono stację pogotowia ratunkowego przy ul. Ząbkowskiej 42. Po trzech latach od tej daty, uruchomiono drugą stację przy ul. Hożej 41. Pierwszym dyrektorem pogotowia ratunkowego w Warszawie został doktor Aleksander Mula. W 1948 r. odbudowano stację przy Hożej 56. Kierownictwo podjęło wtedy decyzję o sukcesywnym uruchamianiu kolejnych stacji pogotowia w poszczególnych dzielnicach Warszawy. W 1969 r. pojawiła się pierwsza karetka reanimacyjna, rok później uruchomiono salę reanimacyjną, a w 1984 r. Specjalistyczny Oddział Kardiologiczny dla mieszkańców Warszawy (*Historia*, dostęp: 10.12.2023).

15 listopada 2006 r. Wojewódzka Stacja Pogotowia Ratunkowego zmieniła nazwę na Wojewódzka Stacja Pogotowia Ratunkowego i Transportu Sanitarnego w Warszawie. W jej strukturze do 2017 r. znajdowały się: oddział kardiologii nieinwazyjnej z miejscami monitorowania i izbą przyjęć, poradnie specjalistyczne: kardiologiczna, chirurgii ogólnej, chirurgii urazowo-ortopedycznej, dermatologiczna i pracownia RTG. Wojewódzka Stacja Pogotowia Ratunkowego i Transportu Sanitarnego SPZOZ w Warszawie jest jednym z największych publicznych zakładów opieki zdrowotnej w Polsce, świadczącym usługi z obszaru pomocy doraźnej. Szacuje się, że pod jej opieką znajduje się 4,5 mln potencjalnych pacjentów, których przybywa każdego dnia. Praca w tak wielkim mieście, wymaga ciągłych inwestycji w infrastrukturę i stacje wyczekiwania zespołów wyjazdowych. Doskonalone są procedury operacyjnego przyjmowania zgłoszeń i dysponowania zespołami wyjazdowymi. Zespoły ratownictwa medycznego oczekują na wezwania w różnych newralgicznych punktach miasta, zlokalizowanych w taki sposób, żeby dojazd do pilnych przypadków nie przekraczał ośmiu minut. W planach znajduje się uruchomienie kolejnych miejsc wyczekiwania (tamże).

Podstawowe zadania WSPRiTS SP ZOZ w Warszawie to: udzielanie świadczeń zdrowotnych; organizowanie i koordynowanie zabezpieczenia medycznego imprez masowych na płatne zlecenie; kształcenie i doskonalenie zawodowe pracowników ochrony zdrowia i innych osób; świadczenie usług transportu sanitarnego i pozostawania w gotowości do przewozu; obsługa i koordynacja środków łączności; uczestnictwo w ratownictwie drogowo-medycznym; koordynacja i organizowanie ratownictwa medycznego, współdziałanie w akcjach ratowniczych, w katastrofach i innych masowych zdarzeniach; realizowanie zadań na rzecz bezpieczeństwa oraz obronności państwa. Podmiot w ramach swojej działalności współpracuje z: innymi podmiotami wykonującymi działalność leczniczą, stacjami sanitarno-epidemiologicznymi, organizacjami społecznymi, innymi podmiotami, osobami fizycznymi. Stacja zajmuje się udzielaniem świadczeń zdrowotnych w sposób: bezpłatny, z częściową odpłatnością oraz odpłatnie, w zgodzie z obowiązującymi przepisami i zawartymi umowami. Podmiot może też udzielać świadczeń zdrowotnych na rzecz pacjentów, którzy nie są objęci ubezpieczeniem zdrowotnym, wynajmować pomieszczenia, czy powierzchnie użytkowe. Działalność pozamedyczna może obejmować: usługi transportowe i spedycyjne, wynajem pojazdów, przewóz osób; usługi warsztatowe w zakresie napraw i przeglądów pojazdów; usługi wulkanizacyjne; usługi mycia pojazdów; usługi parkingowe; obsługę sprzętu łączności bezprzewodowej, konserwację, naprawy, utrzymanie techniczne masztów radiowych; inne usługi, działalności handlowej i pośrednictwa (*BIP*, dostęp: 7.01.2024).

Sytuacja finansowa Stacji uległa w 2019 r. znaczącej poprawie w stosunku do roku 2018. Uległa wtedy zmianie struktura organizacyjna poprzez zwiększenie rejonu operacyjnego obsługiwanego przez firmę. Powstało też sześć nowych miejsc wyczekiwania i dziewięć dodatkowych zespołów. Później utworzono jeszcze dwa dodatkowe miejsca wyczekiwania. Na polepszenie sytuacji wpłynęło również przyjęcie planu naprawczego. Najistotniejszą pozycję w kosztach jednostki stanowią koszty osobowe, które stanowią 77% wszystkich kosztów. Wśród zobowiązań długoterminowych 91% stanowią inne zobowiązania finansowe, które wynikają z inwestycji finansowanych leasingiem. Pozostałe 9% to zobowiązania z tytułu kredytów i pożyczek. Największą grupę zobowiązań stanowią te z tytułu dostaw i usług (39%). Prognozowano, że na sytuację ekonomiczno-finansową firmy istotny wpływ wywrze pandemia COVID-19. Obserwowany jest pogłębiający się deficyt wykwalifikowanej kadry medycznej, szczególnie jeśli chodzi o lekarzy ze specjalizacją z zakresu medycyny ratunkowej. Wszystko to powoduje problemy w obsadzie dyżurów lekarskich. Podmiot prowadzi działalność lecznicą polegającą na udzielaniu świadczeń zdrowotnych finansowanych ze środków publicznych. Nie jest jednostką nastawioną na zysk. Jego zasadniczym celem jest zaspokajanie w sposób ciągły i trwały potrzeb obywateli (*Raport o sytuacji ekonomiczno-finansowej za 2019 rok*, dostęp: 15.12.2023). Usługi wobec osób nieuprawnionych do świadczeń zdrowotnych finansowanych ze środków publicznych świadczone są według cennika. Świadczenia wykonywane poza firmą, rozliczane są zgodnie z cennikiem podwykonawcy (*Cennik świadczeń zdrowotnych*, dostęp: 15.12.2023).

Cele WSPRiTS

Najważniejszym celem Wojewódzkiej Stacji Pogotowia Ratunkowego i Transportu Sanitarnego jest świadczenie usług zdrowotnych najwyższej jakości, zachowując wysoki poziom etyczny, najwyższe standardy medyczne i minimalizując szkodliwość prowadzonych działań. Stawiamy przed sobą następujące cele:

- zapewnić ciągłość i dostępność do świadczeń zdrowotnych pacjentom przez utrzymanie kontraktu z dysponentem publicznych środków finansowych, przeznaczonych na ochronę zdrowia;
- utworzyć zespoły wykwalifikowanych pracowników dzięki systematycznie prowadzonemu kształceniu zawodowemu personelu medycznego;
- uświadamiać społeczeństwo w obszarze ratownictwa medycznego, ochrony zdrowia oraz życia ludzkiego;
- zapewnić niezaburzoną ciągłość działań Pogotowia;
- przestrzegać wymagań prawnych związanych z prowadzoną działalnością, włączając w to ochronę środowiska i bezpieczeństwa pracy;
- zapobiegać zanieczyszczeniom (m.in. ciągła kontrola i minimalizowanie odpadów, ich skuteczna selekcja);
- zapewnić ochronę zasobów naturalnych (ograniczenie zużycia papieru, energii elektrycznej, wody, paliw);
- zapobiegać zagrożeniom środowiska naturalnego;
- rozwijać poziom świadomości kadry kierowniczej, pracowników, podwykonawców i dostawców w obszarze ochrony środowiska i bezpiecznych warunków pracy poprzez prowadzenie szkoleń i komunikacji wewnętrznej;
- dążyć do poprawy stanu bezpieczeństwa i higieny pracy zapobiegając wypadkom przy pracy, chorobom zawodowym i zdarzeniom wypadkowym;
- doskonalić Zintegrowany System Zarządzania Jakością i Bezpieczeństwem Środowiska oraz Bezpieczeństwem i Higieną Pracy (*Polityka Zintegrowanego Systemu Zarządzania*, dostęp: 7.01.2024).

LISTA CZYNNIKÓW

Sporządzono listę silnych i słabych stron Wojewódzkiej Stacji Pogotowia Ratunkowego i Transportu Sanitarnego w Warszawie oraz szans i zagrożeń występujących w jej otoczeniu. Wszystkie czynniki zostały wpisane w poniższą macierz. Zgodnie z definicją mocne strony byłyby wszystkim, co firma robi oraz posiada, a co może przełożyć się na osiągnięcie przez nią sukcesu. Słabymi stronami są jej braki, czynniki stojące na drodze do tego sukcesu. Szanse to sprzyjające okoliczności, które wykorzysta ona do osiągnięcia jak najlepszych wyników z działalności. Zagrożenia z kolei to wszelkie zmiany w otoczeniu, które mogłyby wpłynąć negatywnie na firmę.

Tabela 1. Macierz SWOT

Mocne strony:	Słabe strony:
<ul><li>firma z długimi tradycjami</li><li>możliwość udzielania świadczeń medycznych bezpłatnie i odpłatnie</li><li>możliwość prowadzenia działalności pozamedycznej</li><li>spełnienie standardów działania i bezpieczeństwa</li><li>zróżnicowanie produktów i usług (zabezpieczenie imprez, transport medyczny, usługi techniczne, szkoła ratownictwa, e-learning)</li><li>szerokie grono odbiorców</li><li>duży podlegający obszar działania – Warszawa i okolice</li><li>dobra sytuacja finansowa</li><li>finansowanie ze środków publicznych</li></ul>	<ul><li>niedosyt wykwalifikowanej kadry medycznej</li><li>problemy w obsadzie dyżurów lekarskich</li><li>duże obciążenie pracą zespołów wyjazdowych</li><li>kara finansowa nałożona przez NFZ;</li><li>działania promocyjne</li><li>szeroki zakres działalności</li><li>konieczność utrzymania zatrudnienia w stacjach pogotowia ratunkowego i transportu sanitarnego</li><li>konieczność korzystania z usług podwykonawców</li></ul>
Szanse:	Zagrożenia:
<ul><li>stałe zapotrzebowanie</li><li>nowe szanse rozwojowe związane z wprowadzeniem nowych produktów;</li><li>nowe segmenty klientów</li><li>pandemia COVID-19</li></ul>	<ul><li>spadek wyników finansowych</li><li>pandemia COVID-19</li><li>problem związany z pozyskaniem wykwalifikowanej kadry (w szczególności lekarzy medycyny ratunkowej)</li></ul>

<table>
<tr>
<td>

- brak silnej konkurencji (zgodnie ze zmianami prawnymi po 1 kwietnia 2019)
- dalsza poprawa sytuacji finansowej (zwiększenie obsługiwanego rejonu operacyjnego, plan naprawczy);
- dotacja UE
- dalsze zwiększanie obszaru działania

</td>
<td>

- starzenie się personelu
- działania innych obszarów służby zdrowia oferujących lepsze warunki pracy i płacy
- dalsze kary finansowe lub obowiązek zwrotu środków finansowych
- zmienność prawa (stacja działa na podstawie pięciu ustaw, statutu i innych przepisów prawa)

</td>
</tr>
</table>

Źródło: opracowanie własne.

OCENA ZNACZENIA

Do dalszej analizy przejdą jedynie najważniejsze czynniki z powyższej listy. Posłużą one za podstawę do wyznaczenia ogólnej strategii firmy. Każdy z nich poddano ocenie istotności. Uwzględniono wycenę siły oddziaływania i nadaną rangę. Wytypowanych zostało po pięć najistotniejszych mocnych i słabych stron, szans i zagrożeń, które przeszły do dalszej analizy.

Tabela 2. Ocena mocnych i słabych stron

Lp.	Mocne/Słabe strony firmy	Wycena czynnika jako strony				Ranga czynnika			Ocena łączna
		słabej		mocnej		1	2	3	
		-2	-1	1	2				
1.	Firma z długimi tradycjami				X		X		4
2.	Możliwość udzielania świadczeń medycznych bezpłatnie i odpłatnie				X		X		4
3.	Możliwość prowadzenia działalności medycznej i pozamedycznej				X			X	6
4.	Spełnienie standardów działania i bezpieczeństwa				X		X		4
5.	Zróżnicowanie produktów i usług (zabezpieczenie imprez, transport medyczny, usługi techniczne, szkoła ratownictwa, e-learning)				X			X	6
6.	Szerokie grono odbiorców		X				X		2
7.	Duży obszar działania – Warszawa i okolice				X			X	6
8.	Dobra sytuacja finansowa				X			X	6
9.	Finansowanie ze środków publicznych				X			X	6

Lp.	Mocne/Słabe strony firmy	Wycena czynnika jako strony				Ranga czynnika			Ocena łączna
		słabej		mocnej		1	2	3	
		-2	-1	1	2				
10.	Niedosyt wykwalifikowanej kadry medycznej	X						X	-6
11.	Problemy w obsadzie dyżurów lekarskich	X						X	-6
12.	Duże obciążenie pracą zespołów wyjazdowych	X						X	-6
13.	Kara finansowa nałożona przez NFZ		X				X		-2
14.	Działania promocyjne		X				X		-2
15.	Szeroki zakres działalności		X					X	-3
16.	Konieczność utrzymania zatrudnienia w stacjach pogotowia ratunkowego i transportu sanitarnego	X					X		-4
17.	Konieczność korzystania z usług podwykonawców	X					X		-4

Źródło: opracowanie własne.

Do dalszej analizy przechodzi po pięć mocnych i słabych stron z najwyższym wynikiem punktowym. Mocne strony budujące przewagę konkurencyjną firmy to:

- możliwość prowadzenia działalności medycznej i pozamedycznej;
- zróżnicowanie produktów i usług (zabezpieczenie imprez, transport medyczny, usługi techniczne, szkoła ratownictwa, *e-learning*);
- duży podlegający obszar działania – Warszawa i okolice;
- dobra sytuacja finansowa;
- finansowanie ze środków publicznych.

Słabymi stronami są wszystkie te czynniki, które hamują wzrost organizacji i obniżają jej sprawność działania. Słabe strony WSPRiTS, które przechodzą do dalszej analizy, to:

- niedosyt wykwalifikowanej kadry medycznej;
- problemy w obsadzie dyżurów lekarskich;
- duże obciążenie pracą zespołów wyjazdowych;

- konieczność utrzymania zatrudnienia w stacjach pogotowia ratunkowego i transportu sanitarnego;
- konieczność korzystania z usług podwykonawców.

Tabela 3. Ocena szans i zagrożeń

Lp.	Szansa/Zagrożenie	Wycena wpływu czynników otoczenia			
		-2	-1	1	2
1.	Stałe zapotrzebowanie				X
2.	Nowe szanse rozwojowe związane z wprowadzeniem nowych produktów			X	
3.	Nowe segmenty klientów				X
4.	Pandemia COVID-19				X
5.	Brak silnej konkurencji (zgodnie ze zmianami prawnymi po 1 kwietnia 2019)			X	
6.	Dalsza poprawa sytuacji finansowej (zwiększenie obsługiwanego rejonu operacyjnego, plan naprawczy)				X
7.	Dotacja UE				X
8.	Dalsze zwiększanie obszaru działania			X	
9.	Spadek wyników finansowych		X		
10.	Pandemia COVID-19		X		
11.	Problem związany z pozyskaniem wykwalifikowanej kadry (w szczególności lekarzy medycyny ratunkowej)	X			
12.	Starzenie się personelu	X			
13.	Działania innych obszarów służby zdrowia oferujących lepsze warunki pracy i płacy	X			
14.	Dalsze kary finansowe lub obowiązek zwrotu środków finansowych	X			
15.	Zmienność prawa (stacja działa na podstawie pięciu ustaw, statutu i innych przepisów prawa).	X			

Źródło: opracowanie własne.

Szansami są pozytywne tendencje występujące w otoczeniu przedsiębiorstwa, które stymulują jego rozwój i osłabiają zagrożenia. W przypadku WSPRiTS w Warszawie są to:

- stałe zapotrzebowanie;
- nowe segmenty klientów;
- pandemia COVID-19;

- dalsza poprawa sytuacji finansowej (zwiększenie obsługiwanego rejonu operacyjnego, plan naprawczy);
- dotacja UE.

Zagrożenia to te czynniki w otoczeniu zewnętrznym firmy, które hamują rozwój firmy. Będą miały na nią negatywny wpływ, o ile nie podejmie się kroków zaradczych. W analizowanej firmie, najwyżej oceniono następujące zagrożenia:
- problem związany z pozyskaniem wykwalifikowanej kadry (w szczególności lekarzy medycyny ratunkowej);
- starzenie się personelu;
- działania innych obszarów służby zdrowia oferujących lepsze warunki pracy i płacy;
- dalsze kary finansowe lub obowiązek zwrotu środków finansowych;
- zmienność prawa (stacja działa na podstawie pięciu ustaw, statutu i innych przepisów prawa).

Ocena pozycji strategicznej

Ustalenie wag

Jak było już powiedziane, do dalszej analizy przeszło po pięć: mocnych i słabych stron oraz szans i zagrożeń. Uzyskały one najwyższą ocenę punktową, więc zostaną wykorzystane do stworzenia spójnej strategii firmy. Każdej z nich nadano wagę.

Mocne strony	Waga	Słabe strony	Waga
Możliwość prowadzenia działalności medycznej i pozamedycznej	0,1	Niedosyt wykwalifikowanej kadry medycznej	0,1
Zróżnicowanie produktów i usług (zabezpieczenie imprez, transport medyczny, usługi techniczne, szkoła ratownictwa, *e-learning*)	0,3	Problemy w obsadzie dyżurów lekarskich	0,2
Duży podlegający obszar działania – Warszawa i okolice	0,2	Duże obciążenie pracą zespołów wyjazdowych	0,3
Dobra sytuacja finansowa	0,2	Konieczność utrzymania zatrudnienia w stacjach pogotowia ratunkowego i transportu sanitarnego	0,3
Finansowanie ze środków publicznych	0,2	Konieczność korzystania z usług podwykonawców	0,1
	1,0		1,0
Szanse	**Waga**	**Zagrożenia**	**Waga**
Stałe zapotrzebowanie	0,2	Problem związany z pozyskaniem wykwalifikowanej kadry (w szczególności lekarzy medycyny ratunkowej)	0,3
Nowe segmenty klientów	0,1	Starzenie się personelu	0,3
Pandemia COVID-19	0,2	Działania innych obszarów służby zdrowia oferujących lepsze warunki pracy i płacy	0,2
Dalsza poprawa sytuacji finansowej (zwiększenie obsługiwanego rejonu operacyjnego, plan naprawczy)	0,2	Dalsze kary finansowe lub obowiązek zwrotu środków finansowych	0,1
Dotacja UE	0,3	Zmienność prawa (stacja działa na podstawie pięciu ustaw, statutu i innych przepisów prawa)	0,1
	1,0		1,0

Źródło: opracowanie własne.

WYKRYCIE ZALEŻNOŚCI

Po ustaleniu wag dla wszystkich mocnych i słabych stron oraz szans i zagrożeń, wykryto występujące pomiędzy nimi zależności. Pozwoliło to określić: w jaki sposób można wykorzystać mocne strony w celu zrealizowania szans i zniwelowania zagrożeń, jak przeciwdziałać słabym stronom, czy szanse i zagrożenia będą miały wpływ na wzmocnienie lub osłabienie mocnych i słabych stron. Zadano osiem pytań właściwych dla analizy SWOT TOWS:

1. Czy zidentyfikowane mocne strony pozwolą na wykorzystanie nadarzających się szans?
2. Czy mocne strony pozwolą przezwyciężyć możliwe zagrożenia?
3. Czy zidentyfikowane słabe strony nie pozwolą na wykorzystanie nadarzających się szans?
4. Czy słabe strony wzmocnią siłę oddziaływania zagrożeń?
5. Czy szanse wzmocnią i spotęgują mocne strony?
6. Czy zagrożenia mogą osłabić mocne strony?
7. Czy szanse pozwolą na przezwyciężenie słabych stron?
8. Czy zagrożenia mogą spotęgować słabe strony?

Do każdego z pytań została wykonana tablica. Jeśli odpowiedź na zadane pytanie była twierdząca, wstawiono „1" w odpowiednie pole. Jeśli była przecząca, wstawiano „0". Jak widać z poniższych tablic, w analizie SWOT wychodzi się od wnętrza firmy, aby skonfrontować je z otoczeniem zewnętrznym. Natomiast analiza TOWS daje możliwość rozpatrzenia, jak szanse i zagrożenia wpłyną na mocne i słabe strony podmiotu.

Tabela 5. SWOT: Czy zidentyfikowane mocne strony pozwolą na wykorzystanie nadarzających się szans?

Mocne strony/ Szanse	MS1	MS2	MS3	MS4	MS5	Waga	Liczba interakcji	Iloczyn wag i interakcji	Ranga
S1	1	1	1	0	1	0,2	4	0,8	3/2
S2	1	1	1	1	0	0,1	4	0,4	5
S3	1	1	1	0	1	0,2	4	0,8	3/2
S4	1	1	1	1	1	0,2	5	1,0	2
S5	1	1	1	1	1	0,3	5	1,5	1
Waga	0,1	0,3	0,2	0,2	0,2				
Liczba interakcji	5	5	5	3	4				
Iloczyn wag i interakcji	0,5	1,5	1,0	0,6	0,8				
Ranga	5	1	2	4	3				
Suma interakcji						44/2			
Suma iloczynów						8,9			

Źródło: opracowanie własne.

Tabela 6. TOWS: Czy szanse wzmocnią i spotęgują mocne strony?

Szanse/ Mocne strony	S1	S2	S3	S4	S5	Waga	Liczba interakcji	Iloczyn wag i interakcji	Ranga
MS1	0	1	0	1	1	0,1	3	0,3	5
MS2	1	1	1	1	1	0,3	5	1,5	1
MS3	1	1	1	1	1	0,2	5	1,0	2/2
MS4	1	1	1	1	1	0,2	5	1,0	2/2
MS5	0	0	1	1	1	0,2	3	0,6	4
Waga	0,2	0,1	0,2	0,2	0,3				
Liczba interakcji	3	4	4	5	5				
Iloczyn wag i interakcji	0,6	0,4	0,8	1,0	1,5				
Ranga	4	5	3	2	1				
Suma interakcji						42/2			
Suma iloczynów						8,7			

Źródło: opracowanie własne.

Tabela 7. SWOT: Czy mocne strony pozwolą przezwyciężyć możliwe zagrożenia?

Mocne strony/ Zagrożenia	MS1	MS2	MS3	MS4	MS5	Waga	Liczba interakcji	Iloczyn wag i interakcji	Ranga
Z1	0	1	0	1	0	0,3	2	0,6	1/2
Z2	0	0	0	1	0	0,3	1	0,3	3
Z3	1	1	0	1	0	0,2	3	0,6	1/2
Z4	0	0	0	1	0	0,1	1	0,1	4
Z5	0	0	0	0	0	0,1	0	0	5
Waga	0,1	0,3	0,2	0,2	0,2				
Liczba interakcji	1	2	0	4	0				
Iloczyn wag i interakcji	0,1	0,6	0	0,8	0				
Ranga	3	2	4/2	1	4/2				
Suma interakcji					14/2				
Suma iloczynów						3,1			

Źródło: opracowanie własne.

Tabela 8. TOWS: Czy zagrożenia mogą osłabić mocne strony?

Zagrożenia/ Mocne strony	Z1	Z2	Z3	Z4	Z5	Waga	Liczba interakcji	Iloczyn wag i interakcji	Ranga
MS1	1	1	0	0	0	0,1	2	0,2	4/2
MS2	1	1	0	0	0	0,3	2	0,6	1/2
MS3	1	0	0	0	0	0,2	1	0,2	4/2
MS4	1	0	0	1	0	0,2	2	0,4	3
MS5	1	0	0	1	1	0,2	3	0,6	1/2
Waga	0,3	0,3	0,2	0,1	0,1				
Liczba interakcji	5	2	0	2	1				
Iloczyn wag i interakcji	1,5	0,6	0	0,2	0,1				
Ranga	1	2	5	3	4				
Suma interakcji					20/2				
Suma iloczynów						4,4			

Źródło: opracowanie własne.

Tabela 9. SWOT: Czy zidentyfikowane słabe strony nie pozwolą na wykorzystanie nadarzających się szans?

Słabe strony/ Szanse	SS1	SS2	SS3	SS4	SS5	Waga	Liczba interakcji	Iloczyn wag i interakcji	Ranga
S1	1	1	1	0	0	0,2	3	0,6	2/2
S2	1	1	0	0	0	0,1	2	0,2	5
S3	1	1	1	0	0	0,2	3	0,6	2/2
S4	1	1	1	1	1	0,2	5	1,0	1
S5	0	1	0	0	0	0,3	1	0,3	4
Waga	0,1	0,2	0,3	0,3	0,1				
Liczba interakcji	4	5	3	1	1				
Iloczyn wag i interakcji	0,4	1,0	0,9	0,3	0,5				
Ranga	4	1	2	5	3				
Suma interakcji						28/2			
Suma iloczynów							5,8		

Źródło: opracowanie własne.

Tabela 10. TOWS: Czy szanse pozwolą na przezwyciężenie słabych stron?

Szanse/ Słabe strony	S1	S2	S3	S4	S5	Waga	Liczba interakcji	Iloczyn wag i interakcji	Ranga
SS1	0	0	0	1	1	0,1	2	0,2	4
SS2	0	0	0	1	1	0,2	2	0,4	2
SS3	0	0	0	0	1	0,3	1	0,3	3
SS4	0	0	0	1	1	0,3	2	0,6	1
SS5	0	1	0	0	0	0,1	1	0,1	5
Waga	0,2	0,1	0,2	0,2	0,3				
Liczba interakcji	0	1	0	3	4				
Iloczyn wag i interakcji	0	0,1	0	0,6	1,2				
Ranga	4/2	3	4/2	2	1				
Suma interakcji						16/2			
Suma iloczynów							3,5		

Źródło: opracowanie własne.

Tabela 11. SWOT: Czy słabe strony wzmocnią siłę oddziaływania zagrożeń?

Słabe strony/ Zagrożenia	SS1	SS2	SS3	SS4	SS5	Waga	Liczba interakcji	Iloczyn wag i interakcji	Ranga
Z1	1	1	1	1	0	0,3	4	1,2	1/2
Z2	1	1	1	1	0	0,3	4	1,2	1/2
Z3	1	1	0	1	1	0,2	4	0,8	3
Z4	1	1	1	1	0	0,1	4	0,4	4
Z5	0	0	0	0	1	0,1	1	0,1	5
Waga	0,1	0,2	0,3	0,3	0,1				
Liczba interakcji	4	4	3	4	2				
Iloczyn wag i interakcji	0,4	0,8	0,9	1,2	0,2				
Ranga	4	3	2	1	5				
Suma interakcji						34/2			
Suma iloczynów						7,2			

Źródło: opracowanie własne.

Tabela 12. TOWS: Czy zagrożenia mogą spotęgować słabe strony?

Zagrożenia/ Słabe strony	Z1	Z2	Z3	Z4	Z5	Waga	Liczba interakcji	Iloczyn wag i interakcji	Ranga
SS1	1	1	1	0	0	0,1	3	0,3	4/2
SS2	1	1	1	0	0	0,2	3	0,6	2/2
SS3	1	1	0	0	0	0,3	2	0,6	2/2
SS4	1	1	1	1	1	0,3	5	1,5	1
SS5	1	0	1	0	1	0,1	3	0,3	4/2
Waga	0,3	0,3	0,2	0,1	0,1				
Liczba interakcji	5	4	4	1	2				
Iloczyn wag i interakcji	1,5	1,2	0,8	0,1	0,2				
Ranga	1	2	3	5	4				
Suma interakcji						32/2			
Suma iloczynów						7,1			

Źródło: opracowanie własne.

ZESTAWIENIE ZBIORCZE UZYSKANYCH WYNIKÓW

Uzyskane wyniki z analizy SWOT TOWS prezentuje poniższe zestawienie. Najwyższa suma interakcji oraz najwyższa suma iloczynów została stwierdzona przy kombinacji mocnych stron i szans. Oznacza to, że firma powinna przyjąć strategię agresywną.

Tabela 13. Zestawienie wyników

Kombinacja	Wyniki analizy SWOT		Wyniki analizy TOWS		Zestawienie zbiorcze SWOT TOWS	
	Suma interakcji	Suma iloczynów	Suma interakcji	Suma iloczynów	Suma interakcji	Suma iloczynów
Mocne strony/ Szanse	44/2	8,9	42/2	8,7	86/2	17,6
Mocne strony/ Zagrożenia	14/2	3,1	20/2	4,4	34/2	7,5
Słabe strony/ Szanse	28/2	5,8	16/2	3,5	44/2	9,3
Słabe strony/ Zagrożenia	34/2	7,2	32/2	7,1	66/2	14,3

Źródło: opracowanie własne.

Tabela 14. Określenie pozycji strategicznej

	Szanse	Zagrożenia
Mocne strony	Liczba interakcji – 86/2 Ważona liczba interakcji – 17,6 Strategia agresywna (*maxi-maxi*)	Liczba interakcji – 34/2 Ważona liczba interakcji – 7,5 Strategia konserwatywna (*maxi-mini*)
Słabe strony	Liczba interakcji – 44/2 Ważona liczba interakcji – 9,3 Strategia konkurencyjna (*mini-maxi*)	Liczba interakcji – 66/2 Ważona liczba interakcji – 14,3 Strategia defensywna (*mini-mini*)

Źródło: opracowanie własne.

WYBÓR STRATEGII

Z wykonanej oceny pozycji strategicznej wynika, że Wojewódzka Stacja Pogotowia Ratunkowego i Transportu Sanitarnego znajduje się w polu strategii agresywnej. Strategia ta dotyczy organizacji zdominowanej przez mocne strony i szanse w jej otoczeniu. Mocne strony powinny być spożytkowane do wykorzystania szans pojawiających się w otoczeniu zewnętrznym, w postaci silnej ekspansji rynku oraz przez próbę osiągnięcia zróżnicowanego rozwoju (Ingaldi 2017: 23). Strategia ta polega na wychwytywaniu okazji, przejmowaniu firm o podobnym profilu, koncentracji zasobów na najlepszych produktach, jak też wzmacnianiu pozycji na rynku (Kleksik 1993: 112). Organizacja powinna starać się wykorzystywać szanse z otoczenia w oparciu o własne silne strony. Dzięki temu będzie mogła się rozwijać i skutecznie rywalizować. Celem WSPRiTS nie jest zysk fizyczny, jednak Stacja chce stawać się coraz lepsza w tym, co robi, dostarczać usługę jak najwyżej jakości i musi pozyskać pracowników oraz środki potrzebne na działalność.

Mocnymi stronami analizowanej WSPRiTS są: możliwość prowadzenia działalności medycznej i pozamedycznej; zróżnicowanie produktów i usług (zabezpieczenie imprez, transport medyczny, usługi techniczne, szkoła ratownictwa, *e-learning*); duży podlegający obszar działania – Warszawa i okolice; dobra sytuacja finansowa; finansowanie ze środków publicznych. Aż trzy wyróżnione mocne strony pozwolą na wykorzystanie każdej szansy, mowa tutaj o: możliwości prowadzenia działalności medycznej i pozamedycznej; zróżnicowaniu produktów i usług (zabezpieczenie imprez, transport medyczny, usługi techniczne, szkoła ratownictwa, *e-learning*); dużym podlegającym obszarze działania – Warszawa i okolice. Niewiele mniej szans pozwala wykorzystać mocna strona w postaci finansowania ze środków publicznych. Najwyższa wartość iloczynu wag i interakcji została odnotowana w przypadku zróżnicowania produktów i usług (zabezpieczenie imprez, transport medyczny, usługi techniczne, szkoła ratownictwa, *e-learning*). Wynika to stąd, iż firma jest w stanie prowadzić wiele rodzajów działalności, które pomagają jej skutecznie działać na rynku nawet w trudnych chwilach. Należy się jednak spodziewać, że sytuacja podmiotu będzie się poprawiała ze względu na finansowanie z budżetu państwa, zdobycie dotacji unijnej oraz pandemii COVID-19, która zwiększyła ogólne zapotrzebowanie na usługi ratownicze i medyczne.

Wśród szans firmy znalazły się: stałe zapotrzebowanie; nowe segmenty klientów; pandemia COVID-19; dalsza poprawa sytuacji finansowej (zwiększenie obsługiwanego rejonu operacyjnego, plan naprawczy); dotacja UE. Dwie szanse pozwolą wzmocnić i spotęgować wszystkie mocne strony. Są to: dalsza poprawa sytuacji finansowej (zwiększenie obsługiwanego rejonu operacyjnego, plan naprawczy) i dotacja UE. Ta ostatnia uzyskała największy iloczyn wag i interakcji. WSPRiTS jest partnerem w projekcie *„Zwiększenie potencjału zespołów ratownictwa medycznego oraz zespołów transportu medycznego i sanitarnego w przeciwdziałaniu COVID-19”*, który jest realizowany w ramach Osi Priorytetowej IX *„Wspieranie włączenia społecznego i walka z ubóstwem”*, działanie 9.2 *„Usługi społeczne i usługi opieki zdrowotnej”*, poddziałanie 9.2.2 *„Zwiększenie dostępności usług zdrowotnych”* w ramach Regionalnego Programu Operacyjnego Województwa Mazowieckiego na lata 2014–2020. Liderem projektu jest Województwo Mazowieckie. W ramach tego projektu można finansować m.in: dodatki specjalne dla personelu medycznego, pracowników administracji i obsługi, pracujących w Stacjach Pogotowia Ratunkowego i Transportu Sanitarnego; koszty utylizacji zużytego sprzętu lub środków ochrony; odbiór odpadów medycznych; wynajem dodatkowych lokali dla stacji wyczekiwania; szkolenia w celu zwiększenia skuteczności zwalczania pandemii SARS-CoV-2 przez podmioty działające w zakresie ratownictwa medycznego oraz transportu medycznego i sanitarnego. Całkowita wartość projektu wynosi prawie 30 mln zł (*Projekt pn. Zwiększenie potencjału zespołów ratownictwa*, dostęp: 9.01.2024). Jest więc to znaczne wsparcie.

Jak było powiedziane, rekomenduje się przyjęcie strategii agresywnej dla podmiotu. Nie oznacza to jednak, że można zapomnieć o jego słabych stronach i zagrożeniach. Szczególnie znaczącą słabą stroną są problemy w obsadzie dyżurów lekarskich, ponieważ będzie ona wpływała negatywnie na możliwość wykorzystania wszystkich szans. Inna słaba strona, czyli konieczność utrzymania zatrudnienia w stacjach pogotowia ratunkowego i transportu sanitarnego, której przyznano wysoką wagę, nie będzie korelowała z szansami poza jedną. Większą uwagę należy poświęcić słabej stronie w postaci dużego obciążenia pracą zespołów wyjazdowych. Najbardziej istotnym zagrożeniem jest problem związany z pozyskaniem wykwalifikowanej kadry (w szczególności lekarzy medycyny ratunkowej), ponieważ spotęguje wszystkie słabe strony i ma najwyższą wagę. Niemniej ważne jest zagrożenie: starzenie się personelu. WSPRiTS powinien jak najszybciej rozwiązać problemy związane z pozyskaniem pracowników.

4.4.3. Analiza SWOT TOWS ośrodka szkoleniowo-wypoczynkowego

Opis firmy

Ośrodek Szkoleniowo-Wypoczynkowy „Perkoz" to obiekt całoroczny, położony w lesie sosnowym, na dużym i ogrodzonym terenie, na wąskiej mierzei oddzielającej Jezioro Bukowo od Morza Bałtyckiego. Odległość od morza wynosi zaledwie 80 metrów. Sprzyja to korzystaniu z kąpieli i nadmorskich spacerów. Stanowi idealne miejsce do wypoczynku. Jego atuty stanowią: mało zaludniona plaża oraz swoisty mikroklimat wynikający z unikalnego położenia pomiędzy dwoma zbiornikami wody. Teren ośrodka zajmuje obszar 3 ha, co powoduje że jest wystarczająco dużo miejsca dla realizacji różnych pomysłów. Do dyspozycji gości pozostaje: 160 miejsc noclegowych w apartamentach i pokojach 2, 3-osobowych z łazienkami i balkonami, kawiarnia – bar, jadalnia z całodziennym wyżywieniem, bilard, tenis stołowy, rowery, *nordic walking*, plac zabaw, boisko do siatkówki, sala zabaw dla dzieci, sauna fińska, siłownia, sale konferencyjne, sala kominkowa, miejsce do grillowania, parking samochodowy. Firma zajmuje się organizacją: turnusów wczasowych, pobytów kilkudniowych, kursokonferencji, wyjazdów integracyjnych, szkoleń, pobytów świątecznych, weekendowych, bankietów oraz wesel.

Ośrodek doświadczył przejściowych trudności w związku z podejmowanymi w Polsce działaniami prewencyjnymi przeciwko COVID-19. Zgodnie z najnowszymi zaleceniami GIS, hotele i miejsca noclegowe są zobowiązane: zadbać o zwiększenie odległości między pracownikami do co najmniej 1,5 m, ograniczyć liczbę pracowników korzystających jednocześnie z przestrzeni wspólnych, zapewnić pracownikom w razie potrzeby środki ochrony osobistej, przygotować pomieszczenie do czasowej izolacji osoby z objawami COVID-19, przestrzegać zasad wietrzenia, czyszczenia i dezynfekcji pomieszczeń (*Hotele i inne miejsca noclegowe*, dostęp: 10.01.2024). Dozwolone jest natomiast korzystanie z obiektów w celach służbowych i w związku z przygotowaniem do imprez sportowych. Ośrodek „Perkoz", ze względu na swoją działalność i organizację wyjazdów kondycyjno-treningowych, nie został tak mocno dotknięty obostrzeniami, jak inne obiekty oferujące jedynie noclegi.

Problemem ośrodka „Perkoz" jest natomiast brak spójnej strategii rozwoju. W celu wyznaczenia jej kierunku posłużono się analizą SWOT. Analiza ta pozwala na zdiagnozowanie kondycji wewnętrznej przedsiębiorstwa oraz szans i zagrożeń płynących z jego otoczenia. W niniejszym opracowaniu została ona uzupełniona o analizę TOWS, w której wychodzi się od szans i zagrożeń, aby później skonfrontować je z mocnymi i słabymi stronami firmy.

MISJA I CELE FIRMY

MISJA I WIZJA

Ośrodek Szkoleniowo-Wypoczynkowy „Perkoz" to firma, która: spełnia pragnienia i oczekiwania klientów, a także wychodzi im naprzeciw z własną inicjatywą; dba o wysoką jakość świadczonych usług i zadowolenie klientów; troszczy się o swoich pracowników, umożliwia im zdobycie stosownych kompetencji i umiejętności, aby byli usatysfakcjonowani z pracy. Misją ośrodka jest pomóc klientom odpocząć od chaosu codziennych spraw, wyciszyć się oraz miło spędzić wolny czas, doskonaląc przy tym własne umiejętności poprzez systematyczny trening. Obecny świat narzuca ludziom ogromne tempo. W naszym ośrodku wypoczynkowym mogą oni znaleźć chwilę wytchnienia. Jednocześnie jest to miejsce, w którym wysoka jakość świadczonych usług spotyka się z najwyższą troską o dobro klienta. Uwzględniamy również potrzeby dzieci, młodzieży i osób aktywnych fizycznie, zapewniając im przestrzeń do ćwiczeń.

CELE STRATEGICZNE

Cele strategiczne ośrodka „Perkoz" na kolejne lata to:
- wypromować ofertę wyjazdów treningowych;
- osiągnąć wysoką rozpoznawalność ośrodka w regionie;
- stale dbać o wysoką jakość świadczonych usług;
- zwiększyć obłożenie o 5% w skali roku w ciągu najbliższych 3 lat;
- wzrost cen o 3% rocznie;
- pozyskać klientów z zagranicy;

- utworzyć bazę stałych klientów, powracających co roku do ośrodka;
- położyć większy nacisk na promocję i reklamę oferty: spotkań biznesowych oraz organizacji imprez okolicznościowych;
- w większym stopniu skierować ofertę do szkół, klientów biznesowych, klientów chcących skorzystać z wyjazdów treningowych.

IDENTYFIKACJA CZYNNIKÓW

Sporządzono listę mocnych i słabych stron Ośrodka Szkoleniowo-Wypoczynkowego „Perkoz" oraz szans i zagrożeń obecnych w jego otoczeniu. Następnie w firmie odbyła się burza mózgów i wskazano po pięć najważniejszych z nich. Zostały one wpisane w poniższą macierz.

Tabela 1. Macierz SWOT

Mocne strony:	Słabe strony:
<ul><li>atrakcyjna lokalizacja – 80 m od plaży</li><li>wysoka jakość świadczonych usług</li><li>dobra zyskowność przedsięwzięcia</li><li>atrakcyjna oferta (m.in. wyjazdy treningowe)</li><li>wykwalifikowana kadra</li></ul>	<ul><li>brak doświadczenia niektórych udziałowców w prowadzeniu tego typu działalności</li><li>brak wystarczających środków finansowych na sfinansowanie inwestycji</li><li>niska jakość dróg, brak lotniska</li><li>niespójna reklama</li><li>wewnętrzny kryzys tożsamości firmy – brak spójnego wizerunku u pracowników</li></ul>
Szanse:	Zagrożenia:
<ul><li>wejście na nowe rynki, poszerzenie oferty</li><li>wzrost dbałości społeczeństwa o zdrowie i wypoczynek</li><li>wzrost zainteresowania nadmorską strefą rekreacyjną</li></ul>	<ul><li>sezonowość działalności gospodarczej</li><li>rosnąca liczba poważnych, aktywnie działających konkurentów</li><li>niskie ceny wypoczynku za granicą</li><li>wzrost aktywności ofert konkurencji</li></ul>

• wzrost zainteresowania turystów za- granicznych Polską • duży ośrodek miejski w sąsiedztwie – Koszalin i Kołobrzeg	• pojawienie się na rynku firm oferują- cych podobne usługi (tzn. wyjazdy szkoleniowo-treningowe)

Źródło: opracowanie własne.

OCENA POZYCJI STRATEGICZNEJ

USTALENIE WAG

Jak było już powiedziane wcześniej, do dalszej analizy przeszło po pięć mocnych i słabych stron oraz szans i zagrożeń, które uzyskały najwyższą ocenę punktową. To na nich będzie budowana spójna strategia firmy. Podczas ustalania wag wzięto pod uwagę misję firmy.

Tabela 2. System wag

Mocne strony	Waga	Słabe strony	Waga
Atrakcyjna lokalizacja – 80 m od plaży	0,3	Brak doświadczenia niektórych udziałow-ców w prowadzeniu tego typu działalności	0,1
Wysoka jakość świadczenia usług	0,1	Brak wystarczających środków finanso-wych na sfinansowanie inwestycji	0,3
Dobra zyskowność przedsięwzięcia	0,2	Niska jakość dróg, brak lotniska	0,2
Atrakcyjna oferta	0,3	Niespójna reklama	0,3
Wykwalifikowana kadra	0,1	Wewnętrzny kryzys tożsamości firmy – brak spójnego wizerunku u pracowników	0,1
	1,0		1,0
Szanse	**Waga**	**Zagrożenia**	**Waga**
Wejście na nowe rynki, poszerzenie oferty	0,3	Sezonowość tej działalności gospodarczej	0,4
Wzrost dbałości społeczeństwa o zdrowie i wypoczynek	0,1	Rosnąca liczba poważnych, aktywnie dzia-łających konkurentów	0,1
Wzrost zainteresowania nadmorską strefą rekreacyjną	0,1	Niskie ceny wypoczynku za granicą	0,1
Wzrost zainteresowania turystów zagra-nicznych Polską	0,2	Wzrost aktywności ofert konkurencji	0,1
Duży ośrodek miejski w sąsiedztwie – Ko-szalin i Kołobrzeg	0,3	Pojawienie się na rynku firm oferujących podobne usługi (tzn. wyjazdy szkoleniowo-treningowe)	0,3
	1,0		1,0

Źródło: opracowanie własne.

Po określeniu mocnych i słabych stron, a także szans i zagrożeń, przebadano występujące zależności, ustalając jak wykorzystać mocne strony do zrealizowania nadarzających się szans oraz jak wykorzystać szanse, aby zagrożenia nie osłabiły pozycji firmy. Dokonana analiza pozwoliła na określenie obecnej pozycji ośrodka „Perkoz" na rynku. Dla wszystkich z wyróżnionych wyżej czynników zadano cztery pytania analizy SWOT i cztery pytania analizy TOWS:

1. Czy zidentyfikowane mocne strony pozwolą wykorzystać nadarzające się szanse?
2. Czy zidentyfikowane mocne strony pozwolą przezwyciężyć zagrożenia?
3. Czy zidentyfikowane słabe strony nie pozwolą na wykorzystanie nadarzających się szans?
4. Czy zidentyfikowane słabe strony wzmocnią siłę oddziaływań zagrożeń?
5. Czy szanse spotęgują mocne strony?
6. Czy zagrożenia osłabią mocne strony?
7. Czy szanse pozwolą przezwyciężyć słabe strony?
8. Czy zagrożenia spotęgują słabe strony?

Jeśli odpowiedź brzmiała „tak", wstawiono „1" w odpowiednie pole w tabelach poniżej. Jeśli „nie", wstawiano „0". Zgodnie z logiką wykonania analizy SWOT wychodzi się od mocnych i słabych stron, żeby je następnie skonfrontować z występującymi w otoczeniu szansami i zagrożeniami. Z kolei w analizie TOWS należy zacząć się od rozpatrzenia szans i zagrożeń, przed którymi stoi organizacja, a następnie konfrontuje się je z własnymi predyspozycjami do wykorzystania tych szans i przezwyciężenia zagrożeń.

Tabela 3. SWOT: Czy zidentyfikowane mocne strony pozwolą wykorzystać nadarzające się szanse?

Mocne strony/ Szanse	MS1	MS2	MS3	MS4	MS5	Waga	Liczba interakcji	Iloczyn wag i interakcji	Ranga
S1	1	1	1	1	1	0,3	5	1,5	1
S2	1	0	0	1	1	0,1	3	0,3	5
S3	1	1	0	1	1	0,1	4	0,4	4
S4	0	1	1	1	1	0,2	4	0,8	3
S5	1	0	1	1	1	0,3	4	1,2	2
Waga	0,3	0,1	0,2	0,3	0,1				
Liczba interakcji	4	3	3	5	5				
Iloczyn wag i interakcji	1,2	0,3	0,6	1,5	0,5				
Ranga	2	5	3	1	4				
Suma interakcji							40/2		
Suma iloczynów								8,3	

Źródło: opracowanie własne.

Tabela 4. TOWS: Czy szanse spotęgują mocne strony?

Szanse/ Mocne strony	S1	S2	S3	S4	S5	Waga	Liczba interakcji	Iloczyn wag i interakcji	Ranga
MS1	1	1	1	0	1	0,3	4	1,2	2
MS2	0	1	0	1	1	0,1	3	0,3	4/2
MS3	1	1	1	1	1	0,2	5	1	3
MS4	1	1	1	1	1	0,3	5	1,5	1
MS5	0	1	0	1	1	0,1	3	0,3	4/2
Waga	0,3	0,1	0,1	0,2	0,3				
Liczba interakcji	3	5	3	4	5				
Iloczyn wag i interakcji	0,9	0,5	0,3	0,8	1,5				
Ranga	2	4	5	3	1				
Suma interakcji							40/2		
Suma iloczynów								8,3	

Źródło: opracowanie własne.

Tabela 5. SWOT: Czy zidentyfikowane mocne strony pozwolą przezwyciężyć zagrożenia?

Mocne strony/ Zagrożenia	MS1	MS2	MS3	MS4	MS5	Waga	Liczba interakcji	Iloczyn wag i interakcji	Ranga
Z1	0	0	1	0	0	0,4	1	0,4	2
Z2	1	1	1	1	1	0,1	5	0,5	1
Z3	0	1	0	1	0	0,1	2	0,2	5
Z4	1	1	0	1	0	0,1	3	0,3	3/2
Z5	0	1	0	0	0	0,3	1	0,3	3/2
Waga	0,3	0,1	0,2	0,3	0,1				
Liczba interakcji	2	4	2	3	1				
Iloczyn wag i interakcji	0,6	0,4	0,4	0,9	0,1				
Ranga	2	3/2	3/2	1	5				
Suma interakcji					24/2				
Suma iloczynów					4,1				

Źródło: opracowanie własne.

Tabela 6. TOWS: Czy zagrożenia osłabią mocne strony?

Zagrożenia/ Mocne strony	Z1	Z2	Z3	Z4	Z5	Waga	Liczba interakcji	Iloczyn wag i interakcji	Ranga
MS1	1	0	1	0	1	0,3	3	0,9	2/2
MS2	0	0	0	1	0	0,1	1	0,1	5
MS3	1	1	1	1	1	0,2	5	1	1
MS4	1	0	1	0	1	0,3	3	0,9	2/2
MS5	0	0	0	1	0	0,1	1	0,2	4
Waga	0,4	0,1	0,1	0,1	0,3				
Liczba interakcji	3	1	3	3	3				
Iloczyn wag i interakcji	1,2	0,1	0,3	0,3	0,9				
Ranga	1	5	3/2	3/2	2				
Suma interakcji					26/2				
Suma iloczynów					5,9				

Źródło: opracowanie własne.

Tabela 7. SWOT: Czy zidentyfikowane słabe strony nie pozwolą na wykorzystanie nadarzających się szans?

Słabe strony/ Szanse	SS1	SS2	SS3	SS4	SS5	Waga	Liczba interakcji	Iloczyn wag i interakcji	Ranga
S1	1	1	1	0	1	0,3	4	1,2	1
S2	0	1	0	0	0	0,1	1	0,1	5
S3	0	1	1	1	0	0,1	3	0,3	4
S4	0	1	1	1	0	0,2	3	0,6	2/2
S5	0	1	1	0	0	0,3	2	0,6	2/2
Waga	0,1	0,3	0,2	0,3	0,1				
Liczba interakcji	1	5	4	2	1				
Iloczyn wag i interakcji	0,1	1,5	0,8	0,6	0,1				
Ranga	4/2	1	2	3	4/2				
Suma interakcji						26/2			
Suma iloczynów						5,9			

Źródło: opracowanie własne.

Tabela 8. TOWS: Czy szanse pozwolą przezwyciężyć słabe strony?

Szanse/ Słabe strony	S1	S2	S3	S4	S5	Waga	Liczba interakcji	Iloczyn wag i interakcji	Ranga
SS1	0	0	1	1	0	0,1	2	0,2	4
SS2	0	0	1	1	1	0,3	3	0,9	1
SS3	1	0	1	0	1	0,2	3	0,6	2/2
SS4	0	1	1	0	0	0,3	2	0,6	2/2
SS5	1	0	0	0	0	0,1	1	0,1	5
Waga	0,3	0,1	0,1	0,2	0,3				
Liczba interakcji	2	1	4	2	2				
Iloczyn wag i interakcji	0,6	0,1	0,4	0,4	0,6				
Ranga	1/2	5	3/2	3/2	1/2				
Suma interakcji						22/2			
Suma iloczynów						4,5			

Źródło: opracowanie własne.

Tabela 9. SWOT: Czy zidentyfikowane słabe strony wzmocnią siłę oddziaływań zagrożeń?

Słabe strony/ Zagrożenia	SS1	SS2	SS3	SS4	SS5	Waga	Liczba interakcji	Iloczyn wag i interakcji	Ranga
Z1	0	1	1	1	0	0,4	3	1,2	1
Z2	1	1	0	1	1	0,1	4	0,4	4
Z3	0	1	1	1	0	0,1	3	0,3	5
Z4	1	1	0	1	1	0,1	4	0,4	3
Z5	1	1	0	1	0	0,3	3	0,9	2
Waga	0,1	0,3	0,2	0,3	0,1				
Liczba interakcji	3	5	2	5	2				
Iloczyn wag i interakcji	0,3	1,5	0,4	1,5	0,2				
Ranga	4	1/2	3	1/2	5				
Suma interakcji	34/2								
Suma iloczynów	7,1								

Źródło: opracowanie własne.

Tabela 10. TOWS: Czy zagrożenia spotęgują słabe strony?

Zagrożenia/ Słabe strony	Z1	Z2	Z3	Z4	Z5	Waga	Liczba interakcji	Iloczyn wag i interakcji	Ranga
SS1	0	1	0	1	0	0,1	2	0,2	4/2
SS2	1	1	1	1	1	0,3	5	1,5	1
SS3	0	0	1	0	0	0,2	1	0,2	4/2
SS4	0	1	0	1	1	0,3	3	0,9	2
SS5	0	1	0	1	1	0,1	3	0,3	3
Waga	0,4	0,1	0,1	0,1	0,3				
Liczba interakcji	1	4	2	4	3				
Iloczyn wag i interakcji	0,4	0,4	0,2	0,4	0,9				
Ranga	2/3	2/3	5	2/3	1				
Suma interakcji	28/2								
Suma iloczynów	5,4								

Źródło: opracowanie własne.

ZESTAWIENIE ZBIORCZE

Uzyskane wyniki z analizy SWOT TOWS prezentuje poniższe zestawienie. Najwyższa suma interakcji oraz najwyższa suma iloczynów została stwierdzona przy kombinacji mocnych stron i szans. Oznacza to, że firma powinna przyjąć strategię agresywną.

Tabela 11. Zestawienie wyników

Kombinacja	Wyniki analizy SWOT		Wyniki analizy TOWS		Zestawienie zbiorcze SWOT TOWS	
	Suma interakcji	Suma iloczynów	Suma interakcji	Suma iloczynów	Suma interakcji	Suma iloczynów
Mocne strony/ Szanse	40/2	8,3	40/2	8,3	80/2	16,6
Mocne strony/ Zagrożenia	24/2	4,1	26/2	5,9	50/2	10,0
Słabe strony/ Szanse	26/2	5,9	22/2	4,5	48/2	10,4
Słabe strony/ Zagrożenia	34/2	7,1	28/2	5,4	62/2	12,5

Źródło: opracowanie własne.

Tabela 12. Określenie pozycji strategicznej

	Szanse	Zagrożenia
Mocne strony	Liczba interakcji – 80/2 Ważona liczba interakcji – 16,6 Strategia agresywna (*maxi-maxi*)	Liczba interakcji – 50/2 Ważona liczba interakcji – 10,0 Strategia konserwatywna (*maxi-mini*)
Słabe strony	Liczba interakcji – 48/2 Ważona liczba interakcji – 10,4 Strategia konkurencyjna (*mini-maxi*)	Liczba interakcji – 62/2 Ważona liczba interakcji – 12,5 Strategia defensywna (*mini-mini*)

Źródło: opracowanie własne.

WYBÓR STRATEGII

Z wykonanej oceny pozycji strategicznej wynika, że Ośrodek Szkoleniowo-Wypoczynkowy „Perkoz" znajduje się w polu strategii agresywnej. Strategia ta polega na wychwytywaniu okazji, przejmowaniu podobnych firm, koncentracji zasobów na najlepszych produktach, wzmacnianiu pozycji na rynku (Kleksik 1993: 112). Oznacza to, że firma powinna starać się wykorzystywać szanse pojawiające się w otoczeniu w oparciu o własne mocne strony. Pozwoli to jej się rozwijać i skutecznie rywalizować na rynku. Jak ustalono na podstawie analizy, ale też odwołując się do misji i wizji ośrodka oraz jego celów, największy wpływ na wykorzystanie pojawiających się szans w otoczeniu, będą mieć mocne strony: atrakcyjna lokalizacja – 80 m od plaży; atrakcyjna oferta; wykwalifikowana kadra. Za trzy najważniejsze szanse, które spotęgują mocne strony, należy uznać: wejście na nowe rynki, poszerzenie oferty; wzrost zainteresowania turystów zagranicznych Polską; duży ośrodek miejski w sąsiedztwie – Koszalin i Kołobrzeg. Inwestor pragnie skoncentrować się na celu strategicznym w postaci wypromowana oferty wyjazdów treningowych na rynku krajowym i zagranicznym. Musi zatem po pierwsze przygotować ofertę, a później wypromować ją, na początku w niedalekim Koszalinie oraz w Kołobrzegu. W kolejnych krokach powinna odbyć się reklama i promocja za granicą.

BIBLIOGRAFIA

Armstrong G., Kotler P., *Marketing*, Wydawnictwo Nieoczywiste, Warszawa 2020.

Chermack T.J., Kasshanna B.K., *The Use and Misuse of SWOT Analysis and Implications for HRD Professionals*, „Human Resource Development International" 2007 nr 10(4), s. 383–399.

Dawidczyk A., *Analiza strategiczna w dziedzinie bezpieczeństwa państwa. Wybrane metody*, Difin, Warszawa 2020.

Filipczuk J., *Analiza strategiczna przedsiębiorstwa. Teoria i praktyka*, Wyższa Szkoła Zarządzania i Marketingu, Sochaczew 2008.

Gierszewska G., Romanowska M., *Analiza strategiczna przedsiębiorstwa*, Polskie Wydawnictwo Ekonomiczne, Warszawa 2017.

Gołębiowski P., Wojnarowska M., Jędrzejczyk T., *Identyfikacja kluczowych czynników sukcesu w podmiotach leczniczych na przykładzie świadczeń okulistycznych*, „Zeszyty Naukowe Politechniki Śląskiej. Organizacja i Zarządzanie" 2017 z. 114, s. 113-124.

Ingaldi M., *Wykorzystanie analizy SWOT do określenia pozycji strategicznej przedsiębiorstwa poligraficznego*, „Quality. Production. Improvement. Zeszyty Naukowe" 2017 nr 2(7), s. 20-31.

Jurek-Stępień S., Wysocki J., *Wykorzystanie metody pięciu sił konkurencyjnych M.E. Portera do analizy sektora na przykładzie przemysłu odzieżowego* [w:] Jurek-Stępień S. (red.), *Strategie rozwoju przedsiębiorstwa: metody analizy, przykłady*, Szkoła Główna Handlowa w Warszawie – Oficyna Wydawnicza, Warszawa 2007.

Kleksik A., *Studia prospektywne i analiza strategiczna* [w:] Kleksik A. (red.), *Planowanie strategiczne*, Państwowe Wydawnictwo Ekonomiczne, Warszawa 1993.

Kotler P., Kartajaya H., Setiawan I., *Marketing 4.0*, MT Biznes, Warszawa 2017.

Kotler P., Keller K.L., *Marketing*, Dom Wydawniczy REBIS, Poznań 2016.

Kulińska E., Masłowski D., Dendera-Gruszka M., *Analiza PEST/PESTEL jako narzędzie wspomagające rozwój miast. Studium przypadku na podstawie miasta Opola*, „Studia i Materiały. Miscellanea Oeconomicae" 2017 nr 4, s. 155-169.

Lake N., *Planowanie strategiczne w firmie*, Wydawnictwo Helion, Gliwice 2005.

Nowicki M., *Macierz BCG* [w:] Szymańska K. (red.), *Kompendium metod i technik zarządzania. Technika i ćwiczenia*, Oficyna Wolters Kluwer, Warszawa 2015.

Obłój K., *Praktyka strategii firmy*, Poltext, Warszawa 2020.

Obłój K., *Strategia organizacji*, Polskie Wydawnictwo Ekonomiczne, Warszawa 2007.

Obłój K., *Strategia sukcesu firmy*, Polskie Wydawnictwo Ekonomiczne, Warszawa 2000.

Oleksyn T., *Zarządzanie. Wybrane kwestie*, Difin, Warszawa 2020.

Ogórek M., Strycharska D., *Analiza strategiczna przedsiębiorstwa z sektora transportowego*, „Material Economy and Logistics Journal" 2019 nr 12, s. 39-46.

Penc-Pietrzak I., *Planowanie strategiczne w nowoczesnej firmie*, Oficyna Ekonomiczna Wolters Kluwer Polska, Warszawa 2010.

Romanowska M., *Planowanie strategiczne w przedsiębiorstwie*, Polskie Wydawnictwo Ekonomiczne, Warszawa 2017.

Strabyła A., *Zarządzanie strategiczne w teorii i praktyce firmy*, Wydawnictwo Naukowe PWN, Warszawa 2000.

Szmitka S., *Analiza SWOT jako narzędzie oceny innowacyjności przedsięwzięcia biznesowego*, „Warmińsko-Mazurski Kwartalnik Naukowy. Nauki Społeczne" 2015 nr 4, s. 79-98.

Waśniewski P., *Kluczowe czynniki sukcesu jako podstawa pomiaru dokonań*, „Finanse, Rynki Finansowe, Ubezpieczenia" 2016 nr 2, s. 163-176.

Żabińska T., *Istota i znaczenie analizy SWOT dla określenia pozycji strategicznej przedsiębiorstwa* [w:] Żabiński L. (red.), *Analiza strategiczna przedsiębiorstwa na potrzeby wyboru strategii rozwoju (za pomocą metody SWOT)*, Wydawnictwo Akademii Ekonomicznej im. Karola Adamieckiego, Katowice 2000.

SPIS TABEL